Hubert Gaisbauer

Ein Brief für die Welt

Alle Zitate der „Enzyklika Laudato si' von Papst Franziskus für das gemeinsame Haus" sind der vom Sekretariat der Deutschen Bischofskonferenz herausgegebenen Ausgabe entnommen, Bonn 2015 (Verlautbarungen des Apostolischen Stuhls; Nr. 202).

Klima-Buchtipp der Deutschen Akademie für Kinder- und Jugendliteratur

Empfehlungsliste des Katholischen Kinder- und Jugendbuchpreises

5. Auflage 2023

Umschlagbild: Leonora Leitl
Layout: Nele Steinborn, Wien
Schrift: Proza Display, Swift Neue LT Pro
Druck und Bindung: Florjancic, Maribor
ISBN 978-3-7022-3523-9
E-Mail: buchverlag@tyrolia.at
Internet: www.tyrolia-verlag.at
Social Media: Tyrolia Verlag Kinderbuch

Hubert Gaisbauer

Ein Brief für die Welt

Die Enzyklika Laudato si
von Papst Franziskus
für Kinder erklärt

Mit Bildern von Leonora Leitl

Tyrolia-Verlag · Innsbruck–Wien

Welche Art von Welt
wollen wir denen überlassen,
die nach uns kommen,
den Kindern,
die gerade aufwachsen?

Papst Franziskus, Laudato si (160)

Liebe Caro,

erinnerst du dich, wie du mich gefragt hast, warum der Papst eigentlich keinen Brief an die Kinder schreibt? Wir hatten damals gerade im Fernsehen gehört, dass Papst Franziskus seine zweite Enzyklika veröffentlicht hat. Und du hast mich gefragt, was das eigentlich ist, eine Enzyklika. Ich habe dir erzählt, dass man so das Schreiben eines Papstes nennt, das überall auf der Welt gelesen werden soll. Eine Enzyklika ist also ein Brief an viele Menschen. Du hast dann noch Weiteres wissen wollen: Was in diesem Brief drinsteht, ob ihn der Papst selbst geschrieben hat und ob ihn auch Kinder lesen können.

„Lesen schon", habe ich gemeint, „aber ihr werdet manches nicht verstehen, weil der Brief ja nicht an euch Kinder gerichtet ist."

„Und worum geht es in diesem Brief?", hast du gefragt.

„Dem Papst geht es vor allem um die Zukunft unserer Erde und um die Zukunft der Menschen, die auf der Erde leben."

„Und warum schreibt er dann nicht auch an uns Kinder? Wir werden ja in der Zukunft leben!"

Da war ich richtig stolz auf dich. „Ich halte das für eine sehr gute Idee!", habe ich dich bestärkt. „Schreib du ihm einen Brief und schlag ihm das vor, wahrscheinlich ist er selbst noch gar nicht auf die Idee gekommen! Er soll einen Brief an die Kinder schreiben, eine Kinder-Enzyklika!"

Ich war wirklich begeistert, aber du hast ungläubig gelächelt. „Der wird gerade auf einen Brief von mir warten!", hast du abgewunken.

Da hatte ich eine Idee. Ich nahm mir vor, die neue Enzyklika von Papst Franziskus *für dich* (und vielleicht auch für andere Kinder) zu lesen. Ich würde wichtige Sätze heraussuchen, von denen ich denke, dass sie auch für Kinder spannend und interessant sind. Und wenn mir selbst noch etwas dazu einfällt, würde ich es dazuschreiben.

Das könnte dann – so habe ich mir gedacht – ein etwas längerer Brief an dich werden, liebe Caro: ein Brief über einen Brief des Papstes.

Jetzt liegt er vor dir, dieser Brief. Für dich, für alle Kinder, für eure Eltern oder Großeltern. Ich weiß gar nicht, ob viele Erwachsene den Text der Enzyklika gelesen haben oder je lesen werden. Vielleicht sind manche Erwachsene froh, nicht alles lesen zu müssen, sondern nur eine Auswahl von wichtigen Stellen, die ihnen angeboten wird. Schön wäre es natürlich – und ich bin sicher, das würde auch Papst Franziskus gefallen –, wenn Kinder und Erwachsene gemeinsam darin lesen würden. Denn über so vieles kann man gemeinsam nachdenken und miteinander reden.

Enzyklika

Enzyklika stammt vom griechischen Wort „enkyklios“, das heißt „einen Kreis bildend“. Man meint damit also ein Schreiben, das auf der ganzen Welt „die Runde macht“.

Seit ungefähr dreihundert Jahren schreiben Päpste immer dann eine Enzyklika, wenn sie etwas mitteilen wollen, das ihnen für das Wohlergehen der Menschen ganz wichtig erscheint. Ursprünglich waren solche Briefe nur an Bischöfe gerichtet, mittlerweile richten sie sich aber an alle Mitglieder der römisch-katholischen Kirche.

Alle Enzykliken, die geschrieben wurden, haben eigene Namen. Diese bestehen immer aus den ersten Worten, mit denen das Rundschreiben beginnt. Die jüngste Enzyklika von Papst Franziskus heißt *Laudato si*. Das ist Italienisch und heißt „Sei gelobt“. *Laudato si* ist nämlich der Anfang eines sehr schönen Gedichtes des heiligen Franz von Assisi. Dieses Gedicht wird auch „Der Sonnengesang“ genannt: Gott wird darin durch die Sonne, den Mond, die Erde und durch alles gelobt, was er selbst geschaffen hat und was wir Schöpfung nennen. Papst Franziskus liebt dieses Gedicht, deshalb hat er auch seine Enzyklika damit begonnen.

Denn Papst Franziskus macht sich große Sorgen um unsere Welt. Immer wieder werden Kriege geführt, die in den meisten Fällen deswegen entstehen, weil die Güter und der Ertrag unserer gemeinsamen Erde ungerecht verteilt sind. Während wir in den reichen Ländern im Wohlstand leben, leiden viele Millionen Menschen – etwa in Afrika – unter bitterster Armut. Enorme Umweltzerstörung und die dadurch entstehende Klimaerwärmung bedrohen das Leben von Pflanzen, Tieren und Menschen. Deshalb hat Papst Franziskus diesen Brief verfasst.

Dieses Rundschreiben ist so lang, dass es ein richtiges Buch geworden ist. Der Papst hat es auf Spanisch geschrieben, dann ist es in sieben wichtige Sprachen übersetzt worden: auf Arabisch, Deutsch, Englisch, Französisch, Italienisch, Polnisch und Portugiesisch. Zuletzt sogar noch auf Latein. Die Enzyklika ist in allen diesen Sprachen auch im Internet zu finden. Denn es sollen sie ja möglichst viele Menschen lesen und über die Zukunft unserer Erde nachdenken. Papst Franziskus ist nämlich überzeugt, dass allen Menschen „guten Willens" etwas einfallen wird, was jede und jeder tun kann, damit wir unsere Erde schützen und vor noch größeren Schäden bewahren können. Papst Franziskus wendet sich mit seinem Rundschreiben daher „an jeden Menschen, der auf diesem Planeten wohnt". Nicht nur an Bischöfe, sondern auch an dich und an mich.

Das gemeinsame Haus

Ein Haus, ein Baum, eine Wiese mit bunten Blumen – und über allem die Strahlen der Sonne neben einer weißen Wolke am blauen Himmel: Für viele Kinder ist das eines der ersten Bilder, das sie von dieser Welt zeichnen. Auch wir – du, liebe Caro, und ich – haben es so gemacht. Das Haus hatte Fenster, eine Tür und oft auch einen Rauchfang, aus dem dunkler Rauch aufstieg. Und vor dem Haus standen wir Menschen: ein Mann, eine Frau, ein Mädchen mit Zöpfen, ein Bub mit einem Ball in der Hand – eine Familie. Ein anderes Mal ließen wir es aus dunklen Wolken regnen oder sogar blitzen; und dann waren wir Menschen im Haus geborgen und geschützt. Oft haben wir noch einen blauen Fluss in die grüne Wiese gemalt und Bäume mit leuchtend roten Äpfeln. Manchmal war im Hintergrund sogar das Meer zu sehen.

Jetzt stell dir vor, Caro, du hättest eine große Familie mit sehr vielen Geschwistern, und ihr alle würdet ein Haus geschenkt bekommen. Es wäre noch nicht ganz fertig, aber das Wichtigste wäre schon da: eine Feuerstelle, Licht und Schutz vor Kälte und Dunkelheit, sowie eine Wasserquelle. Rund um das Haus wäre ein großer Garten, in dem alles wachsen und blühen würde. Und ihr dürftet alles so gestalten, wie es euch gefiele, alle Geschwister gemeinsam. Auch Platz wäre genug für alle …

Er, der euch – und uns allen – dieses Haus geschenkt hat, will nur eines: dass wir teilen, was uns gemeinsam geschenkt ist, und dass wir darauf achten, dass das Haus keinen Schaden nimmt.

Papst Franziskus verwendet genau dieses Bild für unsere Erde: das „gemeinsame Haus". Und der heilige Franz von Assisi nennt diese unsere Erde sogar „Mutter" oder

„Schwester“. Wie eine Familie gehören wir zusammen, die Erde und wir Menschen als ihre Kinder oder Geschwister.

Vielleicht sollten wir uns öfter vorstellen, wie es wäre, wenn in diesem gemeinsamen Haus wie in einem großen Wohnhaus 100 Menschen lebten: 60 davon wären dann Asiaten, 14 Afrikaner, 11 Europäer, 8 Nord- und 6 Südamerikaner und einer Ozeanier. Nur jeder vierte von den hundert hätte genug zu essen, ein Dach über dem Kopf und ein Bett zum Hinlegen. Und nur acht Mitbewohner – und zu denen gehören wir – hätten mehr, als für ihre dringendsten Bedürfnisse nötig ist. Darüber hinaus würden diese 8 mehr Energie als die anderen 92 zusammen verbrauchen.

„Laudato si’, mi’ Signore – Gelobt seist du, mein Herr“, sang der heilige Franziskus von Assisi. In diesem schönen Lobgesang erinnerte er uns daran, dass unser gemeinsames Haus wie eine Schwester ist, mit der wir das Leben teilen, und wie eine schöne Mutter, die uns in ihre Arme schließt: „Gelobt seist du, mein Herr, durch unsere Schwester, Mutter Erde, die uns erhält und lenkt und vielfältige Früchte hervorbringt und bunte Blumen und Kräuter.“ (1)

Heute sind wir uns unter Gläubigen und Nichtgläubigen darüber einig, dass die Erde im Wesentlichen ein gemeinsames Erbe ist, dessen Früchte allen zugutekommen müssen. Für die Gläubigen verwandelt sich das in eine Frage der Treue gegenüber dem Schöpfer, denn Gott hat die Welt für alle erschaffen. (93)

Mit dem Herzen schauen

Papst Franziskus will mit seinem Rundschreiben den Menschen nicht die Freude am Leben und an der Welt verderben. Ganz im Gegenteil: Vielmehr sollen wir uns von Herzen über die Schönheit unserer Erde freuen – wie dies etwa Franz von Assisi gemacht hat. Deswegen erinnert der Papst auch immer wieder an diesen Heiligen.

Franz von Assisi hat mit den Blumen und mit den Vögeln gesprochen, hat die ganz kleinen Tiere ebenso bewundert wie die Sonne, ohne die es kein Leben auf unserer Erde gäbe. Er liebte alles, was wir Natur nennen, alles, was wächst, was lebt und leben will. Er liebte es, weil es von Gott geschaffen ist, so wie auch wir Menschen von Gott geschaffen sind. Und er war davon überzeugt, dass Gott die Welt zu seiner eigenen Freude und zur Freude aller Menschen gemacht hat.

Wenn wir zu etwas sagen: „Oh, wie schön ist das!“, dann schauen wir gerne hin und möchten, dass es so bleibt. Die Wörter „schön“ und „schauen“ sind miteinander verwandt. Manchmal sagen die Menschen: „Schau auf dich!“, und meinen damit: „Pass gut auf dich auf!“

Wer gut schauen kann, wird mehr entdecken von der Schönheit der kleinen und großen Wunder in der Natur. Wenn der heilige Franz von Assisi auf dem Weg eine schillernde Raupe mit seidigen Härchen oder auch nur einen hilflosen, nackten Wurm sah, hob er das Tier auf und legte es an einen geschützten Ort, damit es nicht achtlos zertreten würde.

Liebe Caro, Papst Franziskus hat die Erde „unser gemeinsames Haus“ genannt. Damit hat auch das Wort „Ökologie“ zu tun, denn es stammt vom griechischen Wort „oikos“, das „Haus“ oder „Haushalt“ bedeutet, oder auch

„Heimat". Es bezeichnet jedenfalls eine Umgebung, in der wir zu Hause sind und uns geborgen fühlen.

Ökologie meint also die Sorge um dieses „gemeinsame Haus", von dem der Papst schreibt. Wir wollen verstehen, worauf es ankommt, dass diese unsere Erde allen Geschöpfen Gottes weiterhin jene Umgebung sein kann, die sie für ein gutes Leben brauchen.

Der heilige Franz von Assisi ist der heilige Patron all derer, die im Bereich der Ökologie forschen und arbeiten [...]. Er zeigte eine besondere Aufmerksamkeit gegenüber der Schöpfung Gottes [...]. Er liebte die Fröhlichkeit und war wegen seines Frohsinns, seiner großzügigen Hingabe und seines weiten Herzens beliebt. Er war ein Mystiker und ein Pilger, der in Einfachheit und in einer wunderbaren Harmonie mit Gott, mit den anderen, mit der Natur und mit sich selbst lebte. (10)

Franz von Assisi

Franz von Assisi wurde im Jahr 1181 oder 1182 in der Stadt Assisi in Italien geboren. Er hieß eigentlich Giovanni Bernardone, seine Eltern nannten ihn aber liebevoll Francesco, „der kleine Franzose“. Seine Mutter Giovanna hat nämlich die Lieder der französischen Sänger, der Troubadours, sehr geliebt. Diese zogen damals auch in Italien von Stadt zu Stadt. Francesco wollte am liebsten selbst so ein umherziehender Sänger und Musikant werden.

Aber er sollte Kaufmann werden wie sein Vater – und vielleicht auch einmal ebenso reich. Francesco gehorchte und wurde ein guter Tuchhändler. Er wusste bald, wie man Stoffe billig einkauft und mit gutem Gewinn wieder verkauft. Gemeinsam mit den anderen Bürgersöhnen aus Assisi führte er ein fröhliches und sorgloses Leben.

Daneben wollte Francesco jedoch auch ein Ritter sein, und so nahm er an einem Krieg zwischen den Städten Assisi und Perugia teil. Nach verlorener Schlacht wurde er gefangen genommen und in einem finsteren und schmutzigen Kerker eingesperrt, wo er schwer krank wurde. Da begann er, über sein Leben nachzudenken.

Nachdem Francesco wieder freigekommen und ganz gesund geworden war, ritt er eines Tages an den armseligen Hütten außerhalb der Stadtmauern von Assisi vorbei. Dorthin hatte man jene Menschen verbannt, die vom Aussatz befallen waren. Aussatz oder Lepra war früher eine weitverbreitete Krankheit. Die Betroffenen hatten Geschwülste und Geschwüre am ganzen Körper. Francesco ekelte vor diesen Kranken, deshalb achtete er darauf, an dieser Stelle immer so schnell wie möglich vorbeizureiten. Doch diesmal war es anders. Als sich ihm ein Aussätziger bettelnd in den Weg stellte, hielt Francesco das Pferd an, stieg ab, umarmte den aussätzigen Mann und schenkte ihm das ganze Geld, das er bei sich trug. Dabei erfüllte ihn ein inneres Glück, das er in seinem Leben bisher noch nie verspürt hatte. Von nun an besuchte er die Aussätzigen immer wieder, brachte ihnen zu essen, vielleicht auch ein Fässchen Wein; er verband ihre Wunden und blickte ihnen in die vom Aussatz entstellten Gesichter.

Bald war er lieber bei den Armen als im Stoffgeschäft. Der Vater sah das überhaupt nicht gern. Als Francesco eines Tages einen großen Ballen kostbaren Stoffes aus dem Geschäft heimlich verkaufte und das Geld den Armen schenkte, geriet der Vater darüber so in Wut, dass er mitten auf dem Hauptplatz von Assisi und in Anwesenheit des Bischofs seinen Sohn des Diebstahls bezichtigte. Francesco zog daraufhin alle seine Kleider aus, warf diese dem Vater vor die Füße und sagte: „Weder Geld noch Kleider will ich von dir, von jetzt an nenne ich nur noch einen Vater, den im Himmel!“ Der Bischof soll daraufhin seinen Mantel um den nackten Francesco gebreitet und ihn vor dem heftigen Zorn des Vaters geschützt haben.

So ist aus dem verwöhnten Kaufmannssohn ein Bettler geworden, den wir heute als Franz von Assisi verehren. Er hat sein vornehmes Gewand mit einer Kutte vertauscht, unansehnlich braun, geflickt und grob.

Von da an kümmerte er sich ausschließlich um die Armen und Aussätzigen. Mit eigenen Händen baute er die alte Kirche von San Damiano wieder auf. Denn der Legende nach sah er dort eines Tages das Bild des gekreuzigten Christus und hörte, wie Christus ihm sagte, er solle sein Haus, die Kirche, wieder aufbauen. Von diesem Augenblick an war Franz ganz erfüllt von der Liebe zu Christus, der zu ihm gesprochen hatte.

Franz wollte ganz arm sein. Er zog durch das Land, predigte und sang, er schlief in Weidenhütten oder auf dem nackten Erdboden. Franz betete gerne und viel und dankte Gott für jedes seiner Geschöpfe. In seinem einfachen Leben war er ganz mit der Natur verbunden, mit ihrer fruchtbaren Schönheit, manchmal auch mit ihrer unerbittlichen Härte. Viele Menschen spotteten über ihn und hielten ihn für verrückt. Andere aber, vor allem jüngere, waren von seiner Art zu leben begeistert und schlossen sich ihm an. So entstand bald eine Brüdergemeinschaft, die später „Franziskaner" genannt wurde.

Franz hat sich selten Ruhe gegönnt. Immer war er unterwegs, predigte und sorgte sich um Arme und Kranke. Er besuchte die einfachen Häuser der Brüder seiner Gemeinschaft, die sich inzwischen in ganz Italien und darüber hinaus ausgebreitet hatte. Er pilgerte zum Papst nach Rom, und in Ägypten versuchte er sogar, den Sultan zum Christentum zu bekehren. Das Reisen war damals langwierig und überaus anstrengend, und Franz war von schwacher Gesundheit.

Zur körperlichen Schwäche des heiligen Franz kam auch noch ein schweres Augenleiden. Ein Jahr vor seinem Tod, als er schon sehr krank war, zog sich Franz in eine dunkle Höhle zurück, denn seine kranken Augen ertrugen weder das Sonnenlicht noch den Schein des Feuers. Kein Arzt konnte ihm helfen. In dieser Zeit dichtete er übrigens einen großen Teil seines berühmten Sonnengesangs.

In der Nacht vom 3. auf den 4. Oktober des Jahres 1226 starb der heilige Franz von Assisi. Er war vierundvierzig Jahre alt geworden.

Der Franziskus-Garten

Der heilige Franz von Assisi wollte ganz wie sein Vorbild Jesus leben. Damit ist er nicht lange allein geblieben. Einigen seiner Freunde und anderen jungen Männern gefiel diese Vorstellung ebenfalls. Sie kamen zu ihm und fragten ihn, ob sie bei ihm bleiben dürften. So entstand bald eine immer größer werdende Gemeinschaft, deren Mitglieder friedlich, fromm und arm miteinander leben wollten. Sie nannten sich Brüder. In der Nähe von Assisi, dem Heimatort von Franz, bekamen sie von einem nahegelegenen Benediktinerkloster ein kleines Stück Land geschenkt – Portiuncula. Dort stand jene halbverfallene Kapelle, die Franz mit eigenen Händen wieder aufgebaut hatte.

Franz und seine Brüder wollten nichts besitzen, also zahlten sie für das Grundstück Miete: einen Korb Fische für jedes Jahr. Der heilige Franz hat die Fische als Geschöpfe Gottes eigentlich sehr geliebt. Es wird erzählt, dass er mit ihnen regelrecht gespielt haben soll: Wenn er einen – mit der Hand – fing, ließ er ihn gleich danach wieder frei und schärfte ihm ein, dass er künftig besser aufpassen müsse und sich nicht wieder fangen lassen dürfe. Franz war sich aber bewusst, dass die Fische den Menschen auch als Nahrung dienten. Jesus selbst hat ja auch Fisch gegessen, wie wir aus dem Evangelium wissen.

Franz und die Brüder in der Gemeinschaft ernährten sich jedoch hauptsächlich von Gemüse. Überall, wo sie sich niedergelassen haben, legten sie daher einen Garten an. Ein Stück Brot mit Petersilie – das war eine Lieblingsspeise des heiligen Franz.

Diese Franziskus-Gärten hatten die Besonderheit, dass sie nicht gänzlich von Menschen bepflanzt werden durften. Ein Stück des Gartens musste immer wild wachsen dürfen.

So wie der Wind die unterschiedlichsten Samen heranwehte, so sorgten Sonne und Regen sowie Gottes Wille für die schönsten Überraschungen. Viele Menschen wollen immer alles genau im Vorhinein planen und alles vermeiden, was man nicht vorhersehen kann. Dabei vergessen sie ganz, dass Gott Freude hat an der Überraschung und an der Vielfalt des Lebens.

Der heilige Franziskus legt uns [...] nahe, die Natur als ein prächtiges Buch zu erkennen, in dem Gott zu uns spricht und einen Abglanz seiner Schönheit und Güte aufscheinen lässt [...]. Deshalb forderte Franziskus, im Konvent immer einen Teil des Gartens unbebaut zu lassen, damit dort die wilden Kräuter wüchsen und die, welche sie bewunderten, ihren Blick zu Gott, dem Schöpfer solcher Schönheit, erheben könnten. Die Welt ist mehr als ein zu lösendes Problem, sie ist ein freudiges Geheimnis, das wir mit frohem Lob betrachten. (12)

Lesen lernen

Franz von Assisi liebte das Studieren in Büchern nicht sehr. In seiner Lebensbeschreibung heißt es, dass er nur „zuweilen" las, dann allerdings so konzentriert, dass das Gelesene „unauslöschlich in sein Herz" geschrieben war. Sein gutes Gedächtnis ersparte ihm daher auch das Nachlesen in Büchern. Auch geschrieben dürfte er nicht sehr viel haben, und gerechnet schon gar nicht. Allerdings ließ er sich gerne aus der Heiligen Schrift vorlesen, vor allem, als seine Augen bereits sehr krank waren.

Geschriebene Bücher waren damals, vor achthundert Jahren, überaus teuer. Der Buchdruck war ja noch nicht erfunden, alle Bücher mussten mit der Hand geschrieben werden. Und Pergament war kostbar, denn es bestand aus der Haut von Tieren. Vielleicht mochte Franz auch deshalb Bücher nicht so gern.

Jedenfalls besaßen Franz und seine Gefährten kaum Bücher, sie hatten ja so gut wie kein Geld. Dennoch hatte Franz vor allem, was geschrieben war, große Ehrfurcht. So wird von ihm erzählt, dass er Geschriebenes nie weggeworfen hat. Wenn er irgendwo ein kleines Stück Pergament gefunden hatte, auf dem Reste von Schrift oder Buchstaben zu erkennen waren, hat er es sorgfältig aufbewahrt. Und wenn er einen Brief diktierte, gestattete er es nicht, dass ein geschriebenes Wort wieder durchgestrichen oder weggekratzt würde. Franz hat die Buchstaben geliebt, weil man mit ihnen den Lobpreis Gottes aufschreiben kann. Wir lächeln heute darüber, wenn wir die Unmengen von alten Zeitungen und anderem Gedruckten wegwerfen. Wir achten höchstens darauf, dass wir sie vom übrigen Müll trennen und zur Wiederverwertung des Papiers in die richtige Tonne stopfen.

Aber es gibt ein ganz bestimmtes Buch, in dem Franz besonders gern gelesen hat: im kostbaren Buch der Schöpfung. Gott selbst hat es geschrieben. So erkannte Franz die Blumen an ihrem Duft, die Vögel an ihrem Gesang und die Bäume an ihren Blättern. Ich bin sicher, Caro, dass Franz auch mit geschlossenen Augen Bäume erkannt hat, wenn er mit den Händen liebevoll ihre Rinde berührt hat.

Ach, da hätten wir noch viel zu lernen, um dieses Buch umfassend lesen zu können! Caro, wenn du einmal Kinder haben wirst, könntest du mit ihnen nachholen, was wir beide versäumt haben: Ihr könntet versuchen, dieses besondere Alphabet lesen zu lernen – das Alphabet der „Buchstaben von der Vielzahl der im Universum vertretenen Geschöpfe“, wie Johannes Paul II., ein Vorgänger von Papst Franziskus, einmal geschrieben hat. Ihr könntet es lernen, wenn ihr dieser Vielfalt etwa in Gestalt wunderbarer Pflanzen am Wegrand begegnet: zum Beispiel Ehrenpreis oder Zottiger Klappertopf, Lichtnelke oder Salomonssiegel, Weißes Waldvöglein oder Gewöhnlicher Wundklee.

Ich wünsche dir so sehr, dass du noch in einer gesunden Natur die Schönheit der Schöpfung erleben kannst. Nimm deine Kinder dann an der Hand und lerne mit ihnen das Lesen in diesem wunderbaren Buch! Ich bin sicher, dass es für sie besonders spannend sein wird.

Das Universum entfaltet sich in Gott, der es ganz und gar erfüllt. So liegt also Mystik in einem Blütenblatt, in einem Weg, im morgendlichen Tau, im Gesicht des Armen. (233)

So können wir sagen: „Neben der eigentlichen, in der Heiligen Schrift enthaltenen Offenbarung tut sich Gott auch im Strahlen der Sonne und im Anbruch der Nacht kund." (85)

Fahrrad und Palmlilie

Wie viele Lebewesen es auf der Welt gibt, weiß eigentlich kein Mensch. Bisher sind fast acht Millionen verschiedene Tierarten bekannt. Dann folgen mehr als eine halbe Million Pilze und fast 300.000 Pflanzenarten. Rund ein Viertel aller Arten lebt in den Ozeanen. Aber das ist längst nicht alles. Vermutlich kennen wir nur zehn Prozent aller Lebewesen auf unserer Erde.

Du fragst, was eigentlich der Unterschied zwischen einem Lebewesen und einem Ding ist. Dein Fahrrad, liebe Caro, ist ein Ding. Es ist schön und sehr nützlich. Du hast Freude daran, du reinigst und pflegst es. Du achtest darauf, dass es nicht rostig wird und möglichst lange blitzend und elegant bleibt, wie neu. Wenn dennoch etwas kaputt wird, kann in einer Werkstatt der Schaden repariert werden. Dort wird das Fahrrad zerlegt und wieder zusammengesetzt.

Aber dein Fahrrad, mit dem du zur Schule fährst, ist kein Lebewesen. Sein Aussehen, die Pedale, die Gangschaltung, das alles hat ein Mensch erfunden. Dein Fahrrad kann nicht wachsen und kann sich nicht von alleine bewegen. Es kann nicht sterben, weil es nie wirklich gelebt hat.

Die Palmlilie in meinem Zimmer, die ist hingegen ein richtiges Lebewesen. Sie hat Wurzeln, mit denen sie Wasser und Nahrung aus der Erde holt, sie hat Blätter, mit welchen sie atmet, sie hat Blüten und Samen, aus denen wieder kleine Palmlilien werden können. Wenn ich mich zu wenig oder überhaupt nicht um sie kümmere, wenn ich sie nicht regelmäßig gieße und mit ihr nicht manchmal ein wenig spreche, stirbt sie eines Tages.

Dein Fahrrad haben die Menschen erdacht und gebaut. Meine Palmlilie aber, wer hat ihre schöne Gestalt bereits in die winzige Samenkapsel hineingelegt? Weil ich an Gott glaube, der Vater und Mutter von allem Lebendigen ist, bin ich ihm dankbar für meine Palmlilie und für alle Lebewesen auf unserer Welt. Dafür, dass es meiner Palmlilie gut geht, dafür bin jetzt ich verantwortlich.

Während wir die Dinge in verantwortlicher Weise gebrauchen dürfen, sind wir zugleich aufgerufen zu erkennen, dass die anderen Lebewesen vor Gott einen Eigenwert besitzen und ihn „schon allein durch ihr Dasein preisen und verherrlichen". (69)

Die dankbaren Tiere

Erinnerst du dich an das Märchen von der Bienenkönigin? Es waren einmal drei Königssöhne. Die beiden älteren wollten in die Welt hinausziehen, um sich eine Königstochter als Frau zu suchen. Der dritte und jüngste der Brüder jedoch war mit seinem Leben zufrieden und betrachtete am liebsten die Bäume und Blumen und die Sterne am Himmel. Deshalb verspotteten ihn seine Brüder und nannten ihn Dümmling. Er wollte eigentlich zu Hause bleiben, zu guter Letzt ging er aber doch mit ihnen. Er hatte nämlich Sorge um sie, denn sie waren achtlos zu Mensch und Tier.

Als die drei Brüder auf ihrem Weg an einem Ameisenhügel vorbeikamen, wollten ihn die beiden Ältesten umwühlen, um zu sehen, was die Ameisen in ihrer Angst wohl täten. Der Dümmling aber ließ es nicht zu, dass die beiden Brüder den Ameisen etwas zuleide täten. Also zogen sie missmutig weiter, bis sie an einen See kamen, auf dem Enten fröhlich umherschwammen. Die zwei Brüder wollten ein paar von ihnen fangen und braten, doch auch diesmal hinderte sie der Dümmling daran. Als sie wenig später in einer Baumhöhle ein Bienennest entdeckten, wollten sie die Bienen ausräuchern, um an den Honig zu kommen. Wieder verwehrte es ihnen der Dümmling.

Schließlich gelangten die drei Brüder in ein Schloss. Um zur Königstochter zu gelangen, mussten sie drei Proben bestehen. Die erste bestand darin, die tausend Perlen der Königstochter einzusammeln, die im Moos des Waldes verstreut lagen. Die zweite Aufgabe war, den Schlüssel zur Schlafkammer der Prinzessin aus der Tiefe des Sees zu holen. Als Drittes sollten sie unter drei verhüllt schlafenden Frauen die Königstochter erkennen, von der sie nur wussten, dass sie kurz zuvor Honig gegessen hatte.

Die zwei älteren Brüder konnten keine der drei Aufgaben lösen und wurden in Stein verwandelt. Dem Dümmling aber kamen die Tiere zu Hilfe, die er vor den Brüdern gerettet hatte: Die Ameisen sammelten die Perlen ein, die Enten holten den Schlüssel aus der Tiefe und die Bienenkönigin erkannte die Königstochter am Hauch ihres verhüllten Mundes. Der Dümmling feierte Hochzeit mit der Prinzessin und auch die älteren Brüder wurden wieder erlöst.

Seit ich dieses Märchen kenne, liebe Caro, träume ich davon, dass mir die Tiere, zu denen ich gut sein durfte, eines wunderbaren Tages helfen werden, den richtigen Weg ins Paradies zu finden.

Übrigens hat auch der heilige Franz von Assisi die Bienen sehr geliebt. Oft soll er stundenlang vor einem Baum gesessen sein, in dessen Höhle Bienen wohnten. Er sah ihnen zu, wie sie ein und aus flogen. Wahrscheinlich summte er ein Lied dabei, das er sich selbst ausgedacht hatte. Und in strengen Wintern sorgte er dafür, dass ihnen Honigwein hingestellt wurde, damit sie nicht verhungerten.

Das Herz ist nur eines, und die gleiche Erbärmlichkeit, die dazu führt, ein Tier zu misshandeln, zeigt sich unverzüglich auch in der Beziehung zu anderen Menschen. Jegliche Grausamkeit gegenüber irgendeinem Geschöpf „widerspricht der Würde des Menschen“. (92)

Die kurzen Freuden der Hirschkäfer

Liebe Caro, hast du schon einmal einen Hirschkäfer gesehen? Ich meine nicht im Schaukasten des Naturhistorischen Museums, sondern echt und lebendig. Als Kind habe ich diese herrlichen Käfer geliebt und das prächtige Geweih der Männchen bewundert. Es gab immer neidvolles Staunen, wenn ein Kind einen Hirschkäfer in die Schule mitgebracht hatte. Wie stolz waren wir Buben, wenn wir einen sogar selbst gefangen hatten! Und das geschah gar nicht so selten. Natürlich ließen wir ihn wieder frei, es war ja klar, dass er sich in der engen Zündholzschachtel nicht gerade wohlgefühlt hat.

Wann ich den letzten Hirschkäfer gesehen habe, weiß ich allerdings nicht mehr. Jedenfalls ist es schon lange her, denn inzwischen ist der Hirschkäfer bereits überaus selten und vom Aussterben bedroht.

Auch Papst Franziskus schreibt vom Verschwinden verschiedener Tier- und Pflanzenarten. Der Hirschkäfer gehört dazu. Die meisten Menschen kennen ihn schon jetzt nur noch dem Namen nach oder von Bildern. In der Natur ist er kaum mehr zu finden. 2012 wurde er daher zum „Insekt des Jahres" gewählt, das unbedingt geschützt werden muss.

Mit den langen, hirschgeweihartigen Zangen ist der Hirschkäfer der größte Käfer Mitteleuropas. Die Männchen tragen ihr mächtiges „Geweih", und die Weibchen können mit ihren kleinen, aber scharfen Zangen ordentlich zwicken. Das habe ich noch selbst erlebt! In meiner Kindheit schwirrten an lauen Abenden im Juni oder Juli zahlreiche Hirschkäfer durch die Laubwälder. Alte Eichen haben sie besonders gerne, denn die Saftstellen an den geknickten Ästen können sie gut für ihre Fortpflanzung benutzen. Die Larven des Hirschkäfers leben fünf bis acht Jahre unter der Erde und ernähren sich vom alten Holz umgestürzter Bäume. Indem sie es fressen und ausscheiden, geben sie an die Erde Nährstoffe zurück, die wiederum für Pflanzen wichtig sind. Nach dem Schlüpfen lebt ein Hirschkäfer in seiner ganzen Schönheit allerdings nur wenige Wochen. In dieser Zeit sucht sich ein Männchen ein Weibchen – kommt ihm dabei ein anderes Männchen in die Quere, wird gekämpft. Dann gehen die Hirschkäfermänner mit ihren Geweihen aufeinander los, und wer als Erster vom Eichenast fällt, hat verloren.

An und auf Eichen leben übrigens noch andere holzbewohnende Käferarten. Neben dem Hirschkäfer sind dies zum Beispiel der Heldbock, der Spießbock oder der Sägebock. Wälder sind also nicht nur da, damit die Menschen das Holz daraus nutzen können. Sie sind vor allem Lebensraum für viele Tiere und sollten deshalb entsprechend geschützt werden.

Über 400.000 verschiedene Käferarten soll es auf der Welt geben, so viele wie von keiner anderen Tier- oder Insektenart. Jedes Insekt ist ein vollendetes Wunderwerk, das auch die klügsten Köpfe der Welt nicht erfinden und zusammenbauen könnten.

An der Bedrohung dieser wunderbaren Vielfalt von Pflanzen und Tieren sind leider sehr oft wir Menschen schuld. Wir verursachen die Klimaerwärmung, die Verschmutzungen der Meere und die Rodung von Regenwäldern. Wegen der Pflanzenschutzmittel, die wir auf Äckern und Fluren versprühen, sterben – so ganz nebenbei – auch viele Insekten wie zum Beispiel Bienen.

Aber brauchen wir eigentlich wirklich jede einzelne auf der Erde vorkommende Pflanzen- oder Tierart? Papst

Franziskus meint dazu, dass der Sinn der Lebewesen nicht nur darin besteht, dass sie uns Menschen nützen. Sie tragen als Geschöpfe ihren Sinn in sich selbst, indem sie „mit ihrer Existenz Gott verherrlichen". Auch wenn wir Menschen das nicht immer verstehen können.

Ich glaube nicht, dass es Gott egal ist, ob es in zehn Jahren noch Hirschkäfer gibt.

Jedes Jahr verschwinden Tausende Pflanzen- und Tierarten, die wir nicht mehr kennen können, die unsere Kinder nicht mehr sehen können, verloren für immer. Die weitaus größte Mehrheit stirbt aus Gründen aus, die mit irgendeinem menschlichen Tun zusammenhängen. Unseretwegen können bereits Tausende Arten nicht mehr mit ihrer Existenz Gott verherrlichen, noch uns ihre Botschaft vermitteln. (33)

Ein Empfinden inniger Verbundenheit mit den anderen Wesen in der Natur kann nicht echt sein, wenn nicht zugleich im Herzen eine Zärtlichkeit, ein Mitleid und eine Sorge um die Menschen vorhanden ist. [...] Alles ist miteinander verbunden. Darum ist eine Sorge für die Umwelt gefordert, die mit einer echten Liebe zu den Menschen und einem ständigen Engagement angesichts der Probleme der Gesellschaft verbunden ist. (91)

Wer verteidigt die Tiere?

Liebe Caro, als ich die Enzyklika von Papst Franziskus zum ersten Mal las, bemerkte ich, dass sehr wenig über das Leid der Tiere darin zu finden ist. Er spricht sich zwar klar gegen qualvolle Tierversuche aus, die für die Herstellung von neuen Medikamenten, aber auch nur von Schönheitssalben durchgeführt werden und daher nicht immer „heilen und retten". Wenn Firmen solche neuen Produkte herstellen und verkaufen wollen, müssen diese vorher an Tieren getestet werden, und das ist für diese meist mit großen Qualen verbunden.

Aber wo, lieber Bruder Papst, bleibt dein Protest gegen die Qualen, die Millionen von Tieren tagtäglich erleiden müssen, massenhaft in riesige Hallen gepfercht? Oder wenn sie in großen Tierlastwägen tagelang durch halb Europa transportiert werden? Davon ist in der ganzen Enzyklika leider nichts zu finden.

Wie viele Tiere müssen für unseren Fleischhunger ihr Leben lassen, und das oft auf recht grausame Weise! Man spricht von „Fleischproduktion" und von „Fleischindustrie", als hätten wir es mit leblosem Kunststoff zu tun.

Gerne möchte ich Papst Franziskus erzählen, was sein Namensbruder Franz getan hat, als er auf einer seiner weiten Wanderungen einem Mann begegnete, der über der Schulter zwei lebende Lämmer trug, die mit einem Strick zusammengebunden waren. Jämmerlich blökten die Tiere. Der heilige Franz stellte den Mann zur Rede: „Warum bindest du so meine Brüder, die Lämmer, hängst sie auf und quälst sie?" Der Mann entgegnete: „Ich trage sie zum Markt, weil ich dringend Geld brauche." Franz aber wollte nicht, dass sie auf dem Markte verkauft und dann geschlachtet und gegessen werden. „Ich habe zwar kein Geld", sagte er

zu dem Mann, „aber nimm meinen Mantel und gib mir dafür die zwei Lämmer." Man muss wissen, dass der Mantel sehr viel mehr wert war als zwei magere Lämmer, und so übergab der Mann dem Franz die Tiere und freute sich über den guten Handel. Franz stand jetzt ohne Mantel da, dafür hatte er zwei Lämmer, mit denen er nicht wusste, wohin. Er konnte sie ja nicht auf die weitere Fußreise mitnehmen. Also gab er sie kurzerhand dem Mann wieder zurück. Der musste ihm allerdings hoch und heilig versprechen, dass er die Lämmer nicht wieder verkaufen, sondern sorgfältig nähren und hüten werde. Der Mann versprach es und Franz setzte seine Wanderung fort, frierend, aber im Herzen zufrieden.

Lieber Bruder Papst, würde ich am Schluss dieser Geschichte zu Franziskus sagen, vielleicht findest du bei einer deiner Predigten auch einmal ein kräftiges Wort gegen die Quälerei jener Tiere, die gezüchtet werden, um die riesigen Mengen Fleisch zu erzeugen, die täglich von Menschen gegessen werden.

Wir, Caro, du und ich, wir können sicher nicht alle Tiere freikaufen. Auch der Papst kann das nicht. Aber eines können wir zum Beispiel tun: immer wieder einmal auf Fleisch verzichten. Wenn wir dabei nicht alleine bleiben, sondern unsere Familie und möglichst viele Freunde dafür gewinnen, dann werden einige Tiere weniger unter solchen erbarmungslosen Umständen sterben. Und wir helfen auch der Umwelt: Denn der hohe Fleischverbrauch wirkt sich auch sehr schädlich auf das Klima unserer Erde aus.

Der Mensch darf mit den Tieren nicht machen, was er will. Vernunft und Liebe können ihm den richtigen Weg zeigen. Tiere sollen ihm nützlich sein, sollen ihm auch als

Nahrung dienen. Dafür könnten wir ihnen aber durchaus mehr Dankbarkeit zeigen.

„Der letzte Zweck der anderen Geschöpfe sind nicht wir." Auch das hat Papst Franziskus in seiner Enzyklika geschrieben. Er hat sogar geschrieben, dass alle Geschöpfe, also auch die Tiere, gemeinsam mit uns unterwegs zu Gott sind. Wenn wir das nicht nur lesen, sondern mit dem Herzen spüren, werden wir unser Verhalten zu den Tieren vielleicht ändern.

Ein Jahr der Barmherzigkeit für Tiere, liebe Caro, wäre das nicht eine gute Idee – für die Tiere, für die Erde und für uns?

Tierversuche sind nur dann legitim, „wenn sie in vernünftigen Grenzen bleiben und dazu beitragen, menschliches Leben zu heilen und zu retten". [...] „Es widerspricht der Würde des Menschen, Tiere nutzlos leiden zu lassen und zu töten." Jede Nutzung und jedes Experiment „verlangen Ehrfurcht vor der Unversehrtheit der Schöpfung". (130)

Olivia und die Ölpest

Olivia Bouler war elf Jahre alt, als sich am 20. April 2010 vor der Küste von Amerika, im Golf von Mexiko, auf einer Erdölplattform eine schwere Explosion ereignete. Es war die bislang größte Katastrophe bei Ölbohrungen im Meer. Weil sich auch tief unter dem Meeresboden Erdöl befindet, baut man im Meer solche Stationen, von denen aus der wertvolle Rohstoff aus der Erde gepumpt werden kann.

Ich glaube, Caro, wir können uns das Ausmaß dieser Katastrophe gar nicht vorstellen: 800 Millionen Liter Erdöl verteilten sich drei Monate lang auf der Meeresoberfläche. Mehrere Menschen sind infolge der Explosion gestorben. Man schätzt, dass mindestens 600.000 Vögel qualvoll verendet sind. Gar nicht zu zählen, wie viele Fische, wie viele Delfine, Robben, Schildkröten, Krabben, Garnelen, Insekten und Kleinstlebewesen!

Olivia wohnt mit ihren Eltern in der Nähe von New York. Als sie die Bilder von den mit schwarzem Öl verklebten sterbenden Vögeln sah und von den schwierigen Rettungsaktionen hörte, beschloss sie zu helfen. Sie überlegte: Was ich gerne und oft mache und eigentlich auch ganz gut kann, das ist zeichnen und Aquarelle malen. Aber wie soll das den Vögeln helfen? Kann ich die Bilder, die ich male, verkaufen? Wohl nicht. Aber ich könnte sie verschenken! An alle Menschen, die Geld geben, damit in einer Tierrettungsstation den ölverschmierten Vögeln geholfen werden kann.

Das war die Idee. Sie schrieb an den zuständigen Vogelschutzverein – und der war begeistert. Und Olivia malte. Malte während der folgenden Monate fünfhundert Bilder nur von Vögeln. Sehr schöne Bilder. Bald schrieben Zeitungen darüber und immer mehr Menschen waren von der

Idee begeistert und wollten ein Vogelbild aus der Hand von Olivia Bouler haben. So war schnell eine Summe von 150.000 Euro zusammengekommen und konnte für die Vogelrettung zur Verfügung gestellt werden. Inzwischen ist Olivia in ganz Amerika als „Umweltkünstlerin und Aktivistin" bekannt.

Ich bewundere Olivia sehr für ihren Mut: Sie war nicht einfach nur traurig über die Katastrophe, die so viel Leben zerstört hat. Nur traurig oder empört zu sein hilft keinem und ändert wenig. Olivia hingegen entschloss sich, wirklich etwas zu tun, etwas, das sie gut kann. Und dann kam bei Olivia zu diesem Mut auch noch die Ausdauer. Denn Begeisterung allein ist zu wenig. Olivias Erfolg bedeutete ja auch Arbeit: Außer dem Malen der Bilder waren Briefe und E-Mails zu beantworten; sie erzählte in Schulen, Vereinen und vor Politikern von ihrem Projekt. Das ist – neben dem eigenen Unterricht – sehr anstrengend, auch wenn ihre Eltern sie unterstützt haben. Bis heute schreibt sie in einem Blog sehr überzeugend von ihren Ideen, aber auch von guten sowie schlechten Erfahrungen mit Politikerinnen und Politikern, die sie zu mehr Einsatz für den Umweltschutz bewegen möchte.*

Außerdem wurde mit ihren Bildern ein Buch gestaltet und mit dem Geld aus dessen Verkauf wird der Verein zum Schutz der Vogelwelt in den Vereinigten Staaten unterstützt. Sie selbst möchte wissenschaftliche Vogelkundlerin werden.

Ich weiß nicht, ob Olivias Familie religiös ist und zu einer Glaubensgemeinschaft gehört. Aber viel von dem, was ich in ihrem Internet-Blog gelesen habe, klingt dem

* Von Olivia Bouler habe ich zum ersten Mal in dem sehr empfehlenswerten Buch „Kinder, die die Welt verändern" von Yann Arthus-Bertrand und Anne Jankéliowitch gelesen. Es ist 2014 bei Gabriel in der Thienemann-Esslinger Verlag GmbH Stuttgart erschienen. Ihren Blog findet man übrigens unter www.oliviabouler.net.

ähnlich, was auch Papst Franziskus in seiner Enzyklika geschrieben hat. So schreibt Olivia zum Beispiel: „Die Erde, die wir geerbt haben, schreit zu uns um Hilfe, es ist für uns Pflicht, ihr zu helfen." Und Franziskus schreibt: „Unsere Schwester Erde schreit auf wegen des Schadens, den wir ihr aufgrund des unverantwortlichen Gebrauchs und des Missbrauchs der Güter zufügen." Olivia schreibt: „Jedes einzelne Lebewesen, jedes Tier, spielt eine unverzichtbare Rolle für das Überleben auf der Erde." Und Franziskus schreibt: „Jedes Geschöpf besitzt eine Funktion und keines ist überflüssig."

Ob sie, die junge amerikanische Umweltkünstlerin und der Papst in Rom, voneinander wissen oder nicht, das ist nicht wichtig. Schön ist, dass ihre Gedanken so verwandt sind.

Unsere Schwester Erde schreit auf wegen des Schadens, den wir ihr aufgrund des unverantwortlichen Gebrauchs und des Missbrauchs der Güter zufügen, die Gott in sie hineingelegt hat. Wir sind in dem Gedanken aufgewachsen, dass wir ihre Eigentümer und Herrscher seien, berechtigt, sie auszuplündern. Die Gewalt des von der Sünde verletzten menschlichen Herzens wird auch in den Krankheitssymptomen deutlich, die wir im Boden, im Wasser, in der Luft und in den Lebewesen bemerken. (2)

Alle können wir als Werkzeuge Gottes an der Bewahrung der Schöpfung mitarbeiten, ein jeder von seiner Kultur, seiner Erfahrung, seinen Initiativen und seinen Fähigkeiten aus. (14)

Schöpfung

Das Wort Schöpfung kommt vom Zeitwort „schöpfen", das zwei unterschiedliche Bedeutungen hat. Einerseits bedeutet es, aus einer größeren Menge Flüssigkeit einen Teil herauszunehmen – zum Beispiel Suppe aus einem Topf. Auch wenn wir tief Luft holen, sagen wir, dass wir „Luft schöpfen".

Die andere Bedeutung des Wortes ist veraltet und steht für „etwas schaffen". In diesem Sinn ist heute nur mehr das Hauptwort gebräuchlich, das für das „geschaffene" Werk steht – die „Schöpfung".

Im Glaubensbekenntnis bekräftigen wir, dass Gott „der Schöpfer des Himmels und der Erde" ist. Wir bekennen damit, dass die Welt nicht von allein oder durch Zufall entstanden ist. „Schöpfung" schließt uns alle mit ein: das Entstandene und Gewachsene der Natur, alle Lebewesen mitsamt den Menschen – und schließlich auch Gott, der (so glauben wir) alles erschaffen hat. „Schöpfung hat mit einem Plan der Liebe Gottes zu tun, wo jedes Geschöpf einen Wert und eine Bedeutung besitzt", schreibt Papst Franziskus in seiner Enzyklika *Laudato si*.

Schöpfung ist aber kein einmaliger und abgeschlossener Vorgang. Gott hat die Erde den Menschen anvertraut. Er hat sie aber gleichzeitig eingeladen, mit ihm an der Weiterentwicklung dieses „gemeinsamen Hauses", wie Papst Franziskus die Erde nennt, mitzuarbeiten. Gott hat ja den Menschen etwas von seiner Schaffenskraft und von seinem Einfallsreichtum überlassen: Wir nennen es „Kreativität". Dieses Wort kommt aus dem Lateinischen und bedeutet die Fähigkeit, erfinderisch, einfallsreich, also „schöpferisch" zu sein.

Gott will, dass wir unsere Kreativität und unsere Ideen zur Verbesserung des Zusammenlebens auf der Erde einsetzen. Dass uns einfällt, wie wir Hunger und Armut von dieser Erde vertreiben können. Dass wir mit Musik, Kunst und Poesie das Leben schöner und reicher gestalten können als mit Besitz, Geld und Konsum.

Gott will, dass wir nicht nur an der Bewahrung seiner Schöpfung mitarbeiten, sondern auch an ihrer Fortsetzung.

Tarek und das Leben im Smartphone

Seit auch du ein Smartphone hast, liebe Caro, vertraue ich auf deine Vernunft und hoffe, dass du kein „Smombie" wirst. Du weißt schon, so nennt man inzwischen die Menschen, die beispielsweise in der U-Bahn unentwegt auf ihr Smartphone starren und überhaupt keinen Blick mehr dafür haben, wer gerade neben ihnen sitzt. Sie wirken ein bisschen seelenlos, ähnlich wie ein Zombie. Manchmal denke ich mir, dass diese sogenannten „sozialen Medien" die allernächsten Menschen – und sogar uns selbst – von uns eher entfernen. Denn „sozial" heißt doch eigentlich „im Interesse der Gemeinschaft". Papst Franziskus hat wahrscheinlich recht, wenn er feststellt, dass diese Geräte mit ihren Displays nicht unbedingt „die Entwicklung einer Fähigkeit zu weisem Leben, tiefgründigem Denken und großherziger Liebe" fördern. Trotzdem: Facebook oder Twitter sind natürlich gut und nützlich – wie alles, was dem Menschen dient, wenn er es mit Hirn und Herz verwendet. Franziskus ist ja auch selbst Nutzer und Benützer von diesen sozialen Medien. Die besten Fotos von ihm habe ich auf Facebook gefunden.

Und dann habe ich die Geschichte von Tarek, einem Flüchtling aus Syrien, gehört.* Seither verstehe ich, dass ein Smartphone auch eine wirkliche Überlebenshilfe sein kann. „Das Smartphone ist das Wichtigste. Wenn du von irgendwo schnell fliehen musst, dieses Gerät hast du immer in der Tasche", sagt Tarek. „Du kannst nicht alle deine Fotoalben und Dokumente mitnehmen. Das ist der einzige Gefährte, den du bei dir hast. Das ist wie ein zweites Haus in deiner Tasche." Bei diesem Gespräch befand sich Tarek gerade in einem Flüchtlingslager in Ägypten. Seine Familie

* Interview von Karim El-Gawhary, ORF ZiB 2, 10. September 2015

ist über drei Kontinente verstreut. Wenn sie über ihre Handys in Verbindung sind, weiß Tarek, dass alle am Leben sind. Tarek hat sein Leben vor der Flucht auf seinem Smartphone gespeichert: „Mit dem Handy kann ich alles transportieren, meine Geschichte, meine Fotos, meine Musik; auch alle wichtigen Dokumente sind darauf, und Erinnerungen an meine Kindheit, an Schule und Universität."

Tarek ist Musiker. Am Ende des Interviews versuchte er, Verbindung mit seinen Musikerkollegen aufzunehmen, die irgendwo in einem anderen Flüchtlingslager lebten. Er stimmte ein syrisches Lied an, das sie immer bei gemeinsamen Auftritten gesungen haben. Du hättest die Freude in Tareks Augen sehen sollen, als dann seine Freunde mit der zweiten Strophe antworteten.

Die derzeitigen Medien gestatten, dass wir Kenntnisse und Gemütsbewegungen übermitteln und miteinander teilen. Trotzdem hindern sie uns manchmal auch, mit der Angst, mit dem Schaudern, mit der Freude des anderen und mit der Komplexität seiner persönlichen Erfahrung in direkten Kontakt zu kommen. (47)

Meine coolen Jeans

Es gibt viele Geschichten über das schlichte Gewand, das Franz von Assisi trug, nachdem er beschlossen hatte, arm zu sein. Wie seine Gefährten trug auch er unter der Kutte eine einfache Hose und eine Art T-Shirt als Unterhemd. Darüber kam dann die grobe, braune Kutte, mit oder ohne Kapuze, die immer mit einem einfachen Gürtel (eigentlich einem Strick) gebunden wurde. Die drei Knoten an diesem Strick erinnern an jene drei Dinge, die jeder Franziskaner verspricht: besitzlos, keusch und gehorsam zu bleiben.

In der kalten Jahreszeit trug Franz manchmal auch einen Mantel, eine Art Wetterfleck. Das war jedoch nur möglich, wenn sich gerade jemand erbarmt und ihm diesen Mantel geschenkt hatte. Und wenn Franz dann bei seinen Wanderungen einem frierenden Bettler begegnete, hat er diesen Mantel sofort weitergegeben. Seine alte abgetragene Kutte flickte er selbst. Das heißt, er nähte auf Risse oder Löcher einfach alte Stoffreste, daher sah die Kutte im Laufe der Zeit immer mehr wie ein alter Flickenteppich aus. Als seine Mitbrüder ihm einmal eine neue Kutte nähen lassen wollten, hat er ihnen das strengstens verboten.

Liebe Caro, du kennst ja sicher junge Leute, die recht abgetragene, manchmal sogar absichtlich zerrissene oder geflickte Jeans tragen. Das tun sie ja wohl nicht, weil sie versprochen haben, arm zu leben wie der heilige Franz. Manchmal schneiden sie selbst diese Löcher in die Kleidung, oft werden solche Jeans aber mit viel Aufwand hergestellt. Bis sie bei uns im Geschäft landen, haben sie eine Reise von 20.000 Kilometer oder mehr hinter sich. Denn produziert werden sie meistens irgendwo in Südasien. Stell dir vor, liebe Caro, dort sitzt ein zwölfjähriges Mädchen bei Hitze und schlechter Luft – wer weiß, wie lange – und fertigt

solche Jeans. Als Lohn für diese Arbeit bleiben 60 Cent (von den 80 Euro, die die Hose bei uns im Geschäft kostet).

Wenn Papst Franziskus vom Kaufen als „einer moralischen Handlung" schreibt, dann meint er, dass wir uns beim Einkaufen Gedanken machen sollen. Wir sollten uns informieren, wo und unter welchen Arbeitsbedingungen die Kleidung, die wir kaufen wollen, hergestellt wird. In manchen Ländern – zum Beispiel in Bangladesch in Südasien – ist es selbstverständlich und für die Familien oft lebensnotwendig, dass ihre Kinder in Fabriken arbeiten. Gott sei Dank gibt es immer mehr Firmen, die für diese Arbeit wenigstens einen halbwegs gerechten Lohn zahlen und die sich auch um die Gesundheit der Arbeiterinnen und Arbeiter kümmern. Es ist nicht schwer, im Internet zu erfahren, welche Firmen ihre Arbeitskräfte menschenwürdig behandeln und welche nicht.

Oft achten wir nur darauf, wo wir etwas um möglichst wenig Geld kaufen können. Billige Kleidung ist aber oft nicht nur von geringer Qualität, der scheinbar günstige Preis kommt meist dadurch zustande, dass die Arbeitsbedingungen der Menschen, die sie herstellen, sehr schlecht sind. Das sollte uns bewusst sein, bevor wir uns über einen besonders niedrigen Preis freuen.

„Das Kaufen ist nicht nur ein wirtschaftlicher Akt, sondern immer auch eine moralische Handlung." (206)

Während das Herz des Menschen immer leerer wird, braucht er immer nötiger Dinge, die er kaufen, besitzen und konsumieren kann. (204)

Papst Franziskus

Papst Franziskus wurde am 17. Dezember 1936 in Buenos Aires in Argentinien geboren und heißt eigentlich Jorge Mario Bergoglio. Seine Eltern und auch seine Großeltern stammen jedoch aus Italien. Sie wanderten nach Lateinamerika aus, weil sie sich in Argentinien bessere Lebensbedingungen erwarteten. Jorge war das älteste von fünf Geschwistern. Jeden Tag verbrachte er viele Stunden bei seiner geliebten Großmutter Rosa Margherita, während sich die Mutter um die jüngeren Geschwister kümmerte. Seine *Nonna* – so nennt man in Italien die Großmutter – lehrte ihn die ersten Gebete und erzählte ihm von Gott und den Heiligen. „Sie war eine Quelle für das Leben“, sagt Papst Franziskus heute über seine Nonna Rosa. Die Eltern waren fleißig und streng. Schon als Mittelschüler musste Jorge in den Ferien arbeiten. Nicht weil die Familie arm war, sondern weil er lernen sollte, dass Arbeit zufrieden macht und einfach zum Leben dazugehört.

Als er im Alter von siebzehn Jahren zufällig die Kirche San José besuchte, wurde Jorge klar: „Ich will Priester werden.“ Seiner Mutter war das gar nicht recht. Es wäre ihr lieber gewesen, wenn ihr Sohn Medizin studiert hätte und ein Arzt geworden wäre. Jorge beruhigte sie: „Ich studiere eben Medizin für die Seelen!“

Seine Vorbereitung auf das Priestertum dauerte mehr als zehn Jahre. Er hatte sich der „Gesellschaft Jesu“ angeschlossen. Das sind zumeist Priester, die sehr gründlich für die Seelsorge ausgebildet werden. Im Orden der Jesuiten wurden ihm viele verantwortungsvolle Aufgaben übertragen. Er ist sogar Bischof geworden. Auf diesem langen Weg hat er die Not der armen Menschen immer besser kennen gelernt, besonders in Buenos Aires, der Hauptstadt von Argentinien. So war aus dem begeisterten Fußballfan Jorge letztlich ein Erzbischof und Kardinal geworden. Aber einer, der weiterhin in einer kleinen Wohnung lebte, sich sein Bett machte und seine Socken selber wusch. Milch und Brot kaufte er wie alle anderen im Supermarkt ein. Er war ein Bischof, der sich vor allem um die armen und arbeitslosen Menschen in der Stadt sorgte, der oft mit dem Bus oder mit der U-Bahn in die „villas miserias" fuhr, die schmutzigen Siedlungen am Rand der Großstadt Buenos Aires, und die Menschen dort in ihren notdürftig errichteten Ziegelbauten besuchte.

Den Armen, den Bettlerinnen und Bettlern sowie den Kranken ganz nah zu sein, mit ihnen zu sprechen und ihnen dabei auch ins Gesicht zu schauen, das ist wirklich „Medizin für die Seelen". Jorge Mario Bergoglio hat so gehandelt – und tut es bis heute, auch noch nachdem er am 13. März 2013 zum Papst gewählt worden war. Bevor er nach der Wahl das weiße Gewand des Papstes anzog, hatte ihm ein anderer Kardinal aus Lateinamerika noch rasch zugeflüstert: „Wenn du dir jetzt einen neuen Namen wählst, dann vergiss die Armen nicht!" Wird nämlich ein Kardinal zum Papst gewählt, sucht er sich einen neuen Namen aus, den Namen eines Heiligen, der ihm sympathisch ist, und diesen Namen trägt er dann als Papst. Jorge Mario Bergoglio entschied sich in diesem Moment für Franziskus, und zwar in Erinnerung an den heiligen Franziskus (oder Franz) von Assisi.

Seine alten schwarzen Schuhe behielt der Erzbischof Bergoglio auch als Papst. Diese festen, ausgetretenen Straßenschuhe, mit denen er zu den Armen von Buenos Aires gegangen war, die hat er nicht mit den roten Schuhen aus feinem Leder getauscht, die eigentlich für einen Papst vorgesehen sind. Denn er will weiterhin mit dem Volk, den armen, einfachen Menschen gehen. Auf dem Jesus-Weg.

Wenn Inseln im Meer versinken

Liebe Caro, weißt du, wo Tonga, Tuvalu oder Kiribati liegen? Klingt irgendwie nach Pippi Langstrumpfs Taka-Tuka-Land, meinst du. Jedenfalls ganz weit weg von Europa. Auch für mich waren die Namen unbekannt und exotisch, bis ich – mit dem Weltatlas in der Hand – gelernt habe, dass es sich um kleine, selbstständige Inselstaaten in der Südsee handelt. Und dass darauf Menschen leben, deren Heimat als bewohnbarer Lebensraum sehr bedroht ist. Denn durch die zunehmende Erwärmung der Erde steigt der Meeresspiegel langsam immer höher. Verursacht wird diese Erderwärmung von der falschen Lebensweise vor allem der reichen und großen Länder. Flugzeuge, Autos und Fabriken „blasen" große Mengen an schädlichen Treibhausgasen in die Atmosphäre. Auch Menschen, die viel Fleisch essen, vor allem von Rindern, tragen dazu bei. Denn die großen Rinderherden produzieren bei der Verdauung ihres Futters Methan, ein Gas, das ähnlich wie das berüchtigte CO_2 sehr schädlich ist für unser Klima.

Tebunginako ist ein Dorf auf einer der Inseln von Kiribati. Das salzige Meerwasser dringt hier langsam immer weiter in das Landesinnere vor. Die Bewohnerinnen und Bewohner des Dorfes wollen es mit Sandsäcken und Staumauern aufhalten, aber es gelingt ihnen nicht. Sturmfluten und Springfluten werden immer häufiger. Die ersten Opfer sind immer die Kokospalmen. Zunächst fallen die unreifen Nüsse ab, dann die Blätter und bald sehen die Palmen wie segellose Masten gestrandeter Schiffe aus. Die Bewohnerinnen und Bewohner von Tebunginako bereiten sich darauf vor, dass sie demnächst ihr Dorf verlassen müssen. „Dies ist der Ort unserer Vorfahren", sagt der Bürgermeister, „wir müssen weg von hier, wir fühlen uns verwundbar und bedroht."

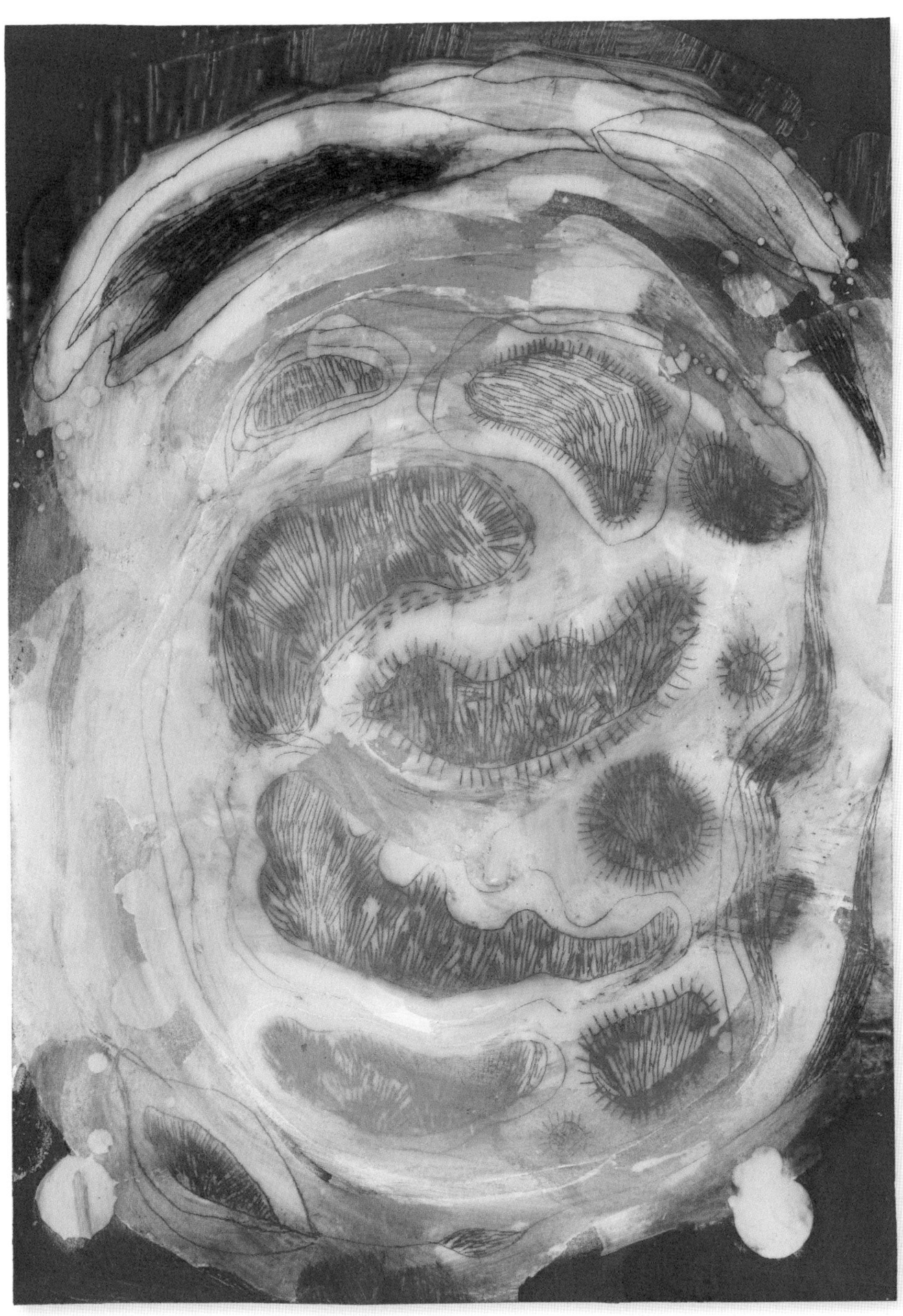

Wenn du, Caro, so alt bist wie deine Eltern jetzt, wird es Tebunginako nicht mehr geben. Ebenso wie die Inselstaaten Tonga und Tuvalu. Noch werden sie in Reiseprospekten als Paradiese angepriesen. Noch mag es ja schön sein, dort für zwei Wochen Urlaub zu machen. Der Präsident von Palau, einem anderen Inselstaat, sieht jedoch keine paradiesische Zukunft. „Für uns ist die Zeit schon abgelaufen!“, sagt er. „Aber vielleicht zeigt das Schicksal unserer Inseln, was auf den ganzen Planeten Erde zukommt.“

Wenn Papst Franziskus von Menschen schreibt, die aufgrund von Umweltveränderungen oder Naturkatastrophen ihre Heimat verlassen müssen, dann meint er nicht nur die vom Untergang bedrohten Inseln im Pazifischen Ozean. Denn aufgrund der Erderwärmung werden Menschen auch in manchen Regionen Afrikas und Asiens vielleicht schon bald gezwungen sein, ihre Heimat zu verlassen, um nicht verhungern zu müssen: Extreme Dürre, Überschwemmungen und Stürme werden ihren bisherigen Lebensraum zerstören. Man spricht heute schon davon, dass in wenigen Jahren viele Millionen Menschen auf der Flucht sein werden. Man nennt sie Umweltflüchtlinge oder Klimaflüchtlinge. Wer wird ihnen helfen? Wo werden sie leben können?

Wann werden wir beginnen, unsere Lebensweise so sparsam und so bewusst zu gestalten, dass sie nicht mehr das Leben auf unserem Planeten bedroht?

Das Klima ist ein gemeinschaftliches Gut von allen und für alle. [...] Es besteht eine sehr starke wissenschaftliche Übereinstimmung darüber, dass wir uns in einer besorgniserregenden Erwärmung des Klimasystems befinden. (23)

Wir müssen uns stärker bewusst machen, dass wir eine einzige Menschheitsfamilie sind. Es gibt keine [...] Grenzen, die uns erlauben, uns zu isolieren [...]. (52)

Tragisch ist die Zunahme der Migranten, die vor dem Elend flüchten, das durch die Umweltzerstörung immer schlimmer wird, und die in den internationalen Abkommen nicht als Flüchtlinge anerkannt werden. (25)

Schokolade für Yakub

Nach einem Gottesdienst in einer Kirche am Stadtrand von Wien sitzt Yakub bei einer Tasse Tee im Pfarrcafé. Ein syrischer Freund, der auch schon länger in Österreich lebt, hat ihn in die Pfarre mitgenommen. Yakub ist mit seinen Eltern aus Syrien geflüchtet. Er ist Christ und hat im Norden von Aleppo gelebt. So lange, bis das Haus seiner Familie von einer Rakete getroffen worden ist. Yakub will Tischler werden. Jetzt lebt er schon seit einem Jahr in einem Flüchtlingsheim und wartet auf den Bescheid, ob er in Österreich bleiben darf. Manchmal spielt er mit den Buben Fußball, manchmal hilft er in der Küche des Heims. Wie für viele seiner Freunde ist es auch für ihn sehr schwierig, Arbeit zu finden und damit ein wenig Geld zu verdienen.

„Worum hast du jetzt gebetet?“, fragt ihn der Freund nach dem Gottesdienst. „Ich habe Gott darum gebeten, dass er mir endlich eine richtige Arbeit schickt“, sagt Yakub. „Nur zu warten und nichts zu tun, das gibt mir das Gefühl, nutzlos auf der Welt und gar kein richtiger Mensch zu sein. Ich möchte nicht immer ein Bettler sein.“ Yakub trinkt einen Schluck vom Tee, der ein wenig nach Zimt duftet. So wie man in Syrien den Tee gerne hat. Dann sagt er: „Wenn mein Wunsch nach Arbeit in Erfüllung geht, das verspreche ich, werde ich von meinem ersten verdienten Geld zehn Kilo Schokolade unter allen Flüchtlingskindern verteilen.“

So wie Yakub geht es auch vielen jungen Menschen in Europa, die nicht geflüchtet sind. In den reicheren Ländern wie Deutschland oder Österreich findet einer von zehn der 15- bis 24-Jährigen keine Arbeit. In Ländern wie Spanien oder Griechenland sind fünf von zehn in dieser Altersgruppe arbeitslos. Wenn man die ganze Welt betrachtet, sind sogar sieben von zehn Jugendlichen ohne Arbeit.

Stellen wir uns vor, Caro, alle Menschen auf der ganzen Welt, die keine Arbeit haben, jüngere und ältere, stehen in einer Reihe und reichen sich die Hände. Alle, die arbeiten wollen, damit sie von dem selbstverdienten Geld leben können, damit sie Essen kaufen und in einem eigenen Bett schlafen können. Das würde eine Menschenschlange ergeben, die so lang ist, dass sie zweimal um die ganze Erdkugel reicht.

Menschen, die keine Arbeit haben, sind unglückliche Menschen. Weil ihnen etwas ganz Wichtiges fehlt: das Gefühl, dass sie in der Gemeinschaft einen Platz haben. Dass sie mit ihren Fähigkeiten zu etwas gut sind. Aus Arbeitslosigkeit kann sehr leicht noch mehr Unglück entstehen, denn ein Mensch, der nicht weiß, wozu sein Leben gut ist, kann auf ganz dumme Gedanken kommen.

Ich denke, dass viele Menschen das Glück, dass sie Arbeit haben, in irgendeiner Weise mit anderen teilen könnten. Yakub will es mit zehn Kilo Schokolade für Flüchtlingskinder tun. Ich bin sicher, dass es noch tausend andere Ideen gibt.

Die Arbeit ist eine Notwendigkeit, sie ist Teil des Sinns des Lebens auf dieser Erde [...]. Den Armen mit Geld zu helfen muss in diesem Sinn immer eine provisorische Lösung sein, um den Dringlichkeiten abzuhelfen. Das große Ziel muss immer sein, ihnen mittels Arbeit ein würdiges Leben zu ermöglichen. (128)

Die Arbeit sollte der Bereich dieser vielseitigen persönlichen Entfaltung sein, wo viele Dimensionen des Lebens ins Spiel kommen: die Kreativität, die Planung der Zukunft, die Entwicklung der Fähigkeiten, die Ausübung der Werte, die Kommunikation mit den anderen, eine Haltung der Anbetung. In der weltweiten sozialen Wirklichkeit von heute ist es daher über die begrenzten Interessen der Unternehmen und einer fragwürdigen wirtschaftlichen Rationalität hinaus notwendig, „dass als Priorität weiterhin das Ziel verfolgt wird, allen Zugang zur Arbeit zu verschaffen". (127)

Schlammbiskuit to go

Wenn wir durch unsere Stadt bummeln und uns plötzlich „der kleine Hunger“ überfällt, dann haben wir meist schnell die Möglichkeit, uns z. B. eine *„Pizza to go“* mitzunehmen. Solche Werbetafeln hast du sicherlich schon oft gelesen.

Ritha lebt in Cité Soleil, einem riesigen Elendsviertel in Port-au-Prince, der Hauptstadt von Haiti. Cité Soleil heißt übersetzt „Sonnenstadt“. Ungefähr 300.000 Menschen leben hier in denkbar schlechten Verhältnissen: eher Baracken als Häuser, viele Hütten aus Holz und Wellblech. Ritha bäckt „Schlammkuchen“, die sie verkauft. Mit dem Geld, das sie dabei einnimmt, können sie und ihre sechs Enkelkinder, deren Eltern beim großen Erdbeben 2010 gestorben sind, gerade so überleben.

Für ihre Schlammkuchen braucht Ritha keinen Ofen. Sie legt sie auf einer Plane in die Sonne und lässt sie so trocknen. In Kübeln rührt sie den „Teig“ an: Schlamm, den sie kaufen muss, Salz und etwas billige Margarine. Wenn sie Glück hat, findet sie irgendwo Gemüseabfälle, die sie dann auch in die Schlammmasse einarbeitet. Geschickt gibt sie den Schlammpatzen mit einem Löffel eine ansprechend regelmäßige, fast möchte man sagen appetitliche Form. Diese „harten Biskuits“, wie die Haitianerinnen und Haitianer dazu sagen, sind für viele das Hauptnahrungsmittel. Sie stillen zwar den Hunger, liegen aber wie Beton im Magen und haben kaum Nährstoffe. Die Passanten kaufen das Stück um umgerechnet 3 Cent. *„Biskuits to go!“* Für fünf Kübel Schlamm, aus denen Ritha ungefähr hundert solcher Fladen herstellt, muss sie etwas mehr als 1 Euro bezahlen. Dazu Salz und Margarine. Doch Reis oder Mais würden mindestens das Zwanzigfache kosten, weil sie aus anderen Ländern eingeführt werden müssen. Die meisten

Menschen, die auf Haiti leben, können sich gutes Getreide daher nur selten leisten.

Und unsere geliebte Pizza? Man hat herausgefunden, dass bei uns von jeder Pizza im Schnitt ein Drittel weggeworfen wird. Weil sie zu groß war oder der Rand nicht schmeckte. Oder einfach, weil wir genug hatten. Ziemlich genau ein Drittel aller Nahrungsmittel wird jedes Jahr in den reicheren Ländern nicht gegessen, sondern weggeworfen. EU-weit sind das 89 Millionen Tonnen. Davon in Österreich mehr als eine Million Tonnen. Stell dir bitte vor, Caro, eine Million mal eintausend Kilo Lebensmittel! Der größte Teil davon wird in Haushalten weggeworfen, ebenso viel in Restaurants, Gaststätten und Supermärkten.

Den Herstellerfirmen von Nahrungsmitteln ist das meist gar nicht so unrecht. Denn je mehr Lebensmittel verbraucht – und leider auch verschwendet – werden, umso mehr verdienen sie dabei. Die Einzigen, die sofort etwas dagegen tun können, sind die Verbraucherinnen und Verbraucher, das sind wir, du und ich. Tipps, wie man sofort beginnen kann, werden uns genug einfallen, wenn wir es ernst meinen. Was ich zum Beispiel selbst gerade lerne: Es ist nicht mehr spießig, wenn man sich im Restaurant das Schnitzel, das man nicht fertigessen konnte, einpacken lässt.

Manchmal denke ich, wir haben wirklich „Augen, die nichts mehr sehen, Ohren, die nichts mehr hören, und ein Herz, das nichts mehr empfindet", wie es in einem Volkslied aus Kuba heißt. Wir wissen, dass jeden Tag 25.000 Menschen an Hunger sterben, mindestens 20.000 davon sind Kinder. Das berührt niemanden mehr, weil wir es schon so oft gehört haben. Ich möchte dir, liebe Caro, eine ganz einfache Geschichte erzählen, die hierzu gut passt. Als ich ein junger Redakteur beim Radio war, also schon vor einigen Jahrzehnten, habe ich an Sendungen für Schulen mitgearbeitet. Damals ist es uns in Österreich zwar noch nicht so gut gegangen wie heute, aber doch schon recht gut. Da wurden immer öfter Klagen von Schulwarten laut, dass Kinder ihr Jausenbrot nicht mehr essen, sondern angebissen liegenlassen oder in den Mistkübel werfen.

Da hatte ich die Idee für die Aktion „Ein Jausenbrot für Schüler in Indien". In einigen Sendungen stellten wir das Projekt vor und schlugen vor, dass alle Kinder, die wollten, von ihrem Taschengeld so viel spenden, wie damals eine Wurstsemmel gekostet hat, also zwischen 3 und 5 Schilling. Heute wären das ungefähr 30 Cent. Mit Unterstützung vieler engagierter Schülerinnen und Schüler ist schließlich ein Betrag zusammengekommen, mit dem eine Schule in Indien ein ganzes Jahr lang allen Kindern täglich eine einfache warme Mahlzeit bereitstellen konnte.

Daran muss ich auch heute noch immer denken, wenn ich wieder einmal in einem Abfallkübel ein großes angebissenes Stück von einer *Pizza to go* sehe.

Wir wissen, dass etwa ein Drittel der produzierten Lebensmittel verschwendet wird, und dass „Nahrung, die weggeworfen wird, gleichsam vom Tisch des Armen [...] geraubt wird". (50)

Wir wissen, dass das Verhalten derer, die mehr und mehr konsumieren und zerstören, während andere noch nicht entsprechend ihrer Menschenwürde leben können, unvertretbar ist. Darum ist die Stunde gekommen, in einigen Teilen der Welt eine gewisse Rezession zu akzeptieren und Hilfen zu geben, damit in anderen Teilen ein gesunder Aufschwung stattfinden kann. (193)

Lebendiges Wasser – umsonst!

Eigentlich sollte ja unser Planet nicht „Erde“, sondern „Wasser“ heißen. Denn fast drei Viertel seiner Oberfläche sind von Wasser bedeckt, vom Meer. Dazu kommen noch Ströme, Flüsse, Bäche und Seen. Und natürlich das Grundwasser, das sich unterirdisch sammelt, wenn Regen in die Erde sickert, und schließlich als Süßwasser aus Quellen und Brunnen in unsere Wasserleitungen fließt.

Wasser bedeutet immer Leben. Wenn in der Bibel etwas ganz Kostbares und Lebensnotwendiges gemeint ist, dann ist oft die Rede von „lebendigem Wasser“, von einem – wie es etwa im Neuen Testament steht – „Strom voll Lebenswasser, klar wie Kristall, der geht vom Thron Gottes aus, und wer Durst hat, der komme; wer will, der empfange lebendiges Wasser – umsonst!“ (Offb 22,17) Wenn die Propheten des alten Israel von Gott als dem Spender des Lebens sprechen, dann sehen sie ihn als einen großen Gärtner: „Ich gieße Wasser auf den dürstenden Boden, rieselnde Bäche auf das trockene Land.“ (Jes 44,3)

Aus unseren Wasserhähnen fließt gesundes, glasklares, geruchloses Trinkwasser. Es ist das wichtigste Lebensmittel und kann durch nichts ersetzt werden. Unser Trinkwasser ist zwar nicht umsonst, aber wir haben eigentlich jederzeit so viel Wasser zur Verfügung, wie wir brauchen. Zum Verschwenden sollte uns das jedoch trotzdem nicht verführen.

In vielen Ländern, zum Beispiel in Afrika, ist Wasser hingegen nicht so einfach verfügbar wie bei uns. Es fehlen oft Brunnen, Pumpen und Wasserleitungen sowie saubere Speichermöglichkeiten. Mangel an gutem Wasser herrscht aber auch in den immer stärker wachsenden Groß- und Megastädten. Jährlich sterben 5 Millionen Menschen, vor allem Kinder, durch verschmutztes Wasser, in dem sich

zahlreiche Krankheitskeime befinden. Bedenke, Caro, nur ein Tausendstel vom gesamten Wasser der Erde ist Trinkwasser. Wenn du dir also das gesamte Wasser der Welt in einer großen Schüssel vorstellst, dann ist höchstens ein Löffel voll davon trinkbares Süßwasser. Trotzdem könnte es genug sauberes Wasser für alle Menschen auf der Erde geben.

In Österreich und in Deutschland verbrauchen wir heute fast fünfmal so viel gesundes, trinkbares Wasser wie unsere Vorfahren vor hundert Jahren. Jede und jeder von uns verbraucht täglich – für Waschen, Duschen, Zähneputzen usw. – ungefähr 150 Liter. Menschen in wasserarmen Ländern haben hingegen oft nur fünf Liter zur Verfügung. Leider können wir das Wasser, das wir durch sorgsamen Umgang hier bei uns sparen, nicht zu den Menschen in den notleidenden Gebieten schicken. Aber auch wir wissen nicht, wie es in Zukunft mit „unserem“ Wasser weitergeht.

Schon aus Dankbarkeit und im Geist des heiligen Franz von Assisi sollten wir wahrscheinlich ein wenig liebevoller mit unserer Schwester Wasser umgehen. Sie meint es ja auch gut mit uns und kann recht zärtlich zu uns sein. Du kennst ja sicher das Gefühl, liebe Caro, wie wunderbar es ist, unter fließendem Wasser zu stehen, irgendwo in der Natur in einem warmen Sommerregen oder unter der Dusche, und mit geschlossenen Augen das Wasser über Kopf, Schultern und Brust, über den ganzen Körper rinnen zu lassen – und zu spüren, wie es die Unruhe und den Schmutz des Alltags von uns wegspült.

Hast du es schon einmal in der Nacht regnen gehört, nach einem heißen Tag, wenn das Wasser in den Blättern rauscht und allen Staub und alle Müdigkeit von den

Pflanzen und Bäumen abwäscht? Das ist doch, als ob die Welt gewaschen würde. Am nächsten Tag erstrahlt alles in neuer Frische.

Während die Qualität des verfügbaren Wassers ständig schlechter wird, nimmt an einigen Orten die Tendenz zu, diese knappe Ressource zu privatisieren; so wird sie in Ware verwandelt und den Gesetzen des Marktes unterworfen. In Wirklichkeit ist der Zugang zu sicherem Trinkwasser ein grundlegendes, fundamentales und allgemeines Menschenrecht, weil es für das Überleben der Menschen ausschlaggebend und daher die Bedingung für die Ausübung der anderen Menschenrechte ist.
Diese Welt lädt eine schwere soziale Schuld gegenüber den Armen auf sich, die keinen Zugang zum Trinkwasser haben, denn das bedeutet, ihnen das Recht auf Leben zu verweigern, das in ihrer unveräußerlichen Würde verankert ist. (30)

Der Sonnengesang

Franz von Assisi wird von vielen Christinnen und Christen als Patron für den Umweltschutz verehrt. Vor achthundert Jahren hat er ein wunderbares Gedicht geschaffen: *„Il cantico di Frate sole e Sorella Luna“,* den Gesang von Bruder Sonne und Schwester Mond. Bei uns ist dieses Gedicht als „Sonnengesang“ bekannt. Es nennt die Geschöpfe, durch die Gott gelobt wird und die unser Leben erst möglich und schön machen: zuallererst die Sonne, von der alles Leben abhängt, dann der Mond und die Sterne, der Wind und die Luft, Wasser und Feuer. Schließlich die Erde, die uns mit ihren Früchten, Blumen und Kräutern nährt, und die uns weitere Rohstoffe zur Verfügung stellt, die für unser Leben wichtig sind.

Der heilige Franz von Assisi hat die Erde und alle Geschöpfe geliebt. Er hat sie liebevoll behandelt, weil er in ihnen die Liebe Gottes gespürt hat. Diese Liebe wollte Franz auch an jene Menschen weitergeben, die es am meisten gebraucht haben: an die Armen und Ausgestoßenen.

Genau das sind auch die zwei wichtigsten Anliegen von Papst Franziskus. Die Sorge um die Erde, unser gemeinsames Haus, und die Liebe zu den Menschen, die am Rand unserer Gesellschaft leben. Deshalb hat er sich als Papst den Namen des heiligen Franz von Assisi ausgesucht.

Und deshalb sind die ersten Worte des „Sonnengesangs“ auch die ersten Worte der Enzyklika: *Laudato si’.*

Es wird erzählt, dass der arme Wanderprediger Franz oft gesungen hat, wenn er im Land umhergezogen ist und den Menschen von der Liebe Christi erzählt hat. Manchmal ergriff ihn die Lust zum Musizieren und zum Tanzen so heftig, dass er ein Stück morsches Holz vom Boden aufhob, es über den linken Arm legte, mit einem dürren Ast in der rechten Hand über das Holz strich und zu einer nur für ihn hörbaren Musik fröhlich umhertanzte.

Kurz vor seinem Tod, am Morgen nach einer schmerzvollen Nacht, rief er einen seiner Gefährten zu sich und bat ihn: „Ich möchte ein Lied zum Lob dieser Erde machen, zum Lob der Sonne und des Feuers, zum Lob aller Geschöpfe!“

Und der Bruder schrieb auf, was Franz ihm diktierte: „Laudato si’ mi’ Signore – Gelobt seist du, mein Herr, mit allen deinen Geschöpfen, vor allem mit Bruder Sonne ...“ Es wurden sieben Strophen und es entstand damit eines der schönsten Gedichte, die von Menschen je erfunden worden sind. Es war auch das erste Gedicht, das in italienischer Sprache aufgeschrieben wurde, genauer: im umbrischen Dialekt, der Sprache der einfachen Menschen aus der Heimat des heiligen Franz – und nicht in Latein, der Sprache der Gelehrten. Deshalb wird dieser Gesang auch „das Wiegenlied der italienischen Sprache“ genannt.

Franz hat die Sonne „Bruder“ genannt, denn im Italienischen ist die Sonne männlichen Geschlechts, und der Mond ist – für uns ebenso ungewohnt – weiblich. In der deutschen Übersetzung wird hingegen die Sonne zur Schwester und der Mond zum Bruder.

Ich lobe dich, mein Herr,
mit allen deinen Geschöpfen,
besonders mit unserer schönen Schwester Sonne,
die uns den hellen Tag schenkt, mit ihrem Leuchten
schenkt sie uns ein Zeichen von dir.

Ich lobe dich, mein Herr,
mit dem Mond und den Sternen;
am Himmel lässt du sie leuchten,
klar, kostbar und schön.

Ich lobe dich, mein Herr,
mit dem Bruder Wind und den Wolken,
mit dem wechselnden Wetter,
wodurch du deine Geschöpfe am Leben hältst.

Ich lobe dich, mein Herr,
mit unserer Schwester Wasser,
die unentbehrlich für uns ist und trotzdem
so unauffällig, so kostbar und rein.

Ich lobe dich, mein Herr,
mit unserem Bruder Feuer,
der uns Licht in der Nacht schenkt und Wärme in der Kälte,
als lustig flackernde Flamme, aber auch voller Kraft.

Ich lobe dich, mein Herr,
mit unserer Schwester, Mutter Erde,
die uns mit vielerlei Früchten, Kräutern
und farbenprächtigen Blumen erhält,
die uns zu leben lehrt, wenn wir auf sie hören.

Kurz vor seinem Tod hat der heilige Franz den sechs Strophen noch zwei weitere hinzufügen lassen. Zunächst folgende:

Ich lobe dich, mein Herr,
mit den Menschen, die verzeihen können,
die Schwachheit und Verletzungen ertragen,
weil sie sich an deiner Liebe ein Beispiel nehmen.
Glücklich, die vieles auf sich nehmen, um Frieden zu halten;
du, Herr, wirst sie belohnen.

Die achte und letzte Strophe des Sonnengesangs dichtete Franz nach dem Besuch eines Arztes. Den hatte er nämlich gefragt, wie lange er wohl noch zu leben habe. Bis Ende September oder Anfang November, war die Antwort.

Da soll Franz ausgerufen haben: „Sei willkommen, Schwester Tod!" Er habe gleich darauf einen seiner Gefährten die letzte Strophe seines Gedichts aufschreiben lassen:

Ich lobe dich, Herr,
mit unserem Bruder, dem Tod des Leibes,
vor dem niemand davonlaufen kann.
Bedauernswert ist, wer dann
noch immer nicht vom Bösen gelassen hat.
Glücklich, die sterben in deinem heiligen Willen,
denn der Tod der Seele wird sie nicht auslöschen.

Während der letzten Tage seines irdischen Lebens hat sich Franz immer wieder diese Strophe und manchmal auch den ganzen „Sonnengesang" vorsingen lassen.

Schwester Wasser und Bruder Feuer

Es gibt viele Geschichten über Franz von Assisi, die mich erstaunen. Dabei meine ich gar nicht so sehr die Wundergeschichten.

Ich meine vielmehr jene, die von seinen ganz alltäglichen Gewohnheiten berichten: So wird erzählt, dass immer, wenn er sich bei einem Brunnen Hände und Gesicht wusch oder an einer Quelle trank, er sorgfältig darauf achtete, dass möglichst kein Wasser auf die Erde rann. Wenn es aber doch passierte, setzte er seine Schritte so, dass er nur ja nicht mit seinen staubigen Füßen oder den schmutzigen Sandalen auf das Wasser trat. Er wollte nicht, dass das Wasser mit Füßen getreten wird. Es ist ja unsere kostbare und nützliche Schwester, wie Franz in seinem Sonnengesang gedichtet hat.

Wasser zu misshandeln, es also gedankenlos zu verwenden oder gar sinnlos zu verschwenden, nur weil (noch!) genug vorhanden ist, hätte den heiligen Franz gewiss sehr erzürnt.

Liebe Caro, auch wenn wir heute höchst verwundert den Kopf schütteln: Franz hatte sogar mit dem Feuer Mitleid! Sonne und Feuer bedeuten Licht, sie machen die Welt für uns erst hell. Ohne die beiden würden wir so viel sehen wie ein Maulwurf unter der Erde. Wenn Franz eine Kerze, eine Lampe oder eine Fackel hielt, war er voll zärtlicher Vorsicht, damit sie nicht durch einen Windstoß oder eine Unachtsamkeit ausgelöscht würde.

Das geschah bei Franz aus Liebe zum Bruder Feuer und aus Ehrfurcht vor Gott, denn dieser hatte ja das Feuer als „eine Liebkosung“ für uns geschaffen. Aber er wollte dabei auch, dass wir es zähmen und hüten und zum Besten für uns, für die Erde und alle Menschen verwenden.

Franz war also in seinem Umgang mit Wasser und Feuer nicht verrückt, auch wenn das so scheinen mag, sondern eigentlich sehr weise und klug. Denn ohne Feuer und ohne Wasser gibt es kein Leben. Deshalb werden auch in der Osternacht, wenn wir die Auferstehung Jesu feiern, Feuer und Wasser geweiht.

Jedes Geschöpf besitzt eine Funktion und keines ist überflüssig. Das ganze materielle Universum ist ein Ausdruck der Liebe Gottes, seiner grenzenlosen Zärtlichkeit uns gegenüber. Der Erdboden, das Wasser, die Berge – alles ist eine Liebkosung Gottes. (84)

Wir vergessen, dass wir selber Erde sind [...]. Unser eigener Körper ist aus den Elementen des Planeten gebildet; seine Luft ist es, die uns den Atem gibt, und sein Wasser belebt und erquickt uns. (2)

Der zerbrochene Krug

Ein Wort taucht in dem Rundschreiben von Papst Franziskus sehr oft auf, nämlich über siebzigmal: das Wort „Beziehung".

Wenn ich sage, dass wir zwei, du und ich, eine „gute Beziehung" haben, dann bedeutet das, dass wir einander gut kennen, dass ich deine Lebendigkeit, deinen Charme sehr mag, wenn wir miteinander etwas unternehmen, dass wir gerne miteinander reden und dass du mir auch gerne zuhörst, wenn ich etwas erzähle oder dir vorlese. Das Wichtigste an unserer Beziehung ist, dass wir einander gernhaben.

Papst Franziskus schreibt von drei lebenswichtigen Beziehungen: der Beziehung zu Gott, der Beziehung zu den Mitmenschen und der Beziehung zur Erde. Und das, Caro, kann sich dann ähnlich ereignen wie zwischen uns beiden: im Zuhören, im Antworten und im Liebhaben.

Denn du kannst hören, was Gott sagt: Er spricht eher leise, aber ganz nah bei dir, in deinem Herzen. Du kannst Menschen gut zuhören, zum Beispiel wenn sie dir von ihrer Freude oder von ihrem Kummer erzählen. Ja, du kannst sogar der Erde und allen Geschöpfen zuhören. Der heilige Franz von Assisi hat den Bienen und den Blumen zugehört, er hat mit ihnen gesprochen. Und er hat sogar den Vögeln gepredigt und von der Güte Gottes erzählt. Es heißt, dass sie ihm mit offenen Schnäbeln zugehört haben.

Und du kannst auch allen antworten: Gott, den Mitmenschen und auch der Erde mit allem, was auf ihr lebt. Und wenn du auch nur sagst: Ich bin froh, dass es dich gibt. Das ist Liebhaben.

Papst Franziskus schreibt, dass diese drei Beziehungen – zwischen Gott, den Menschen und der Erde – zerbrechen

können und schon einmal zerbrochen sind. Die Bibel erzählt, dass dies geschehen ist, als Adam und Eva nicht auf Gott hörten. Sie haben seinem Gebot nicht gehorcht. Und so kann es heute noch zu einem Bruch in der Beziehung kommen, nämlich immer dann, wenn Menschen sich verhalten, als wären sie selber an der Stelle Gottes und könnten über alles herrschen und verfügen. Über alle Pflanzen, alle Tiere, die ganze Erde – und auch über andere Menschen. So, wie es ihnen gerade passt.

Da zerbricht die Beziehung, dieses wunderbare Gefäß der Freundschaft zwischen Gott, den Menschen und der Natur, wie ein schöner Krug. Die Scherben dieses Kruges sind die Leiden unserer Welt: Kriege, Naturkatastrophen, Hunger und Millionen Flüchtlinge.

Wenn wir uns um Frieden und um Bewahrung der Schöpfung kümmern, versuchen wir, diese Scherben mühsam wieder zusammenzufügen.

Franz von Assisi kann uns ein Vorbild dafür sein. Es heißt von ihm, dass er „mit allen Geschöpfen in Frieden war". Damit hat er gezeigt, wie der Bruch in der Beziehung zwischen Gott, den Menschen und der Erde geheilt werden kann: indem wir Frieden halten mit allen Menschen und mit allen Geschöpfen in unserer Welt.

Sogar die Steine haben ihre Würde und dürfen – im Geist des heiligen Franz – als Brüder und Schwestern angesehen werden. Um wie viel mehr alle anderen Geschöpfe.

Die Erzählungen der Bibel von der Schöpfungsgeschichte deuten an, dass sich das menschliche Dasein auf drei fundamentale, eng miteinander verbundene Beziehungen gründet: die Beziehung zu Gott, zum Nächsten und zur Erde. Der Bibel zufolge sind diese drei lebenswichtigen Beziehungen zerbrochen, nicht nur äußerlich, sondern auch in unserem Innern. Dieser Bruch ist die Sünde. Die Harmonie zwischen dem Schöpfer, der Menschheit und der gesamten Schöpfung wurde zerstört durch unsere Anmaßung, den Platz Gottes einzunehmen [...]. (66)

Wann beginnt der Krieg?

Immer, wenn Papst Franziskus von seiner Kindheit erzählt, spürt man, dass in der Familie Bergoglio die fünf Geschwister sehr liebevoll, aber auch mit einer gewissen Strenge zu Höflichkeit und Verantwortung erzogen worden sind. So erinnert er in seiner Enzyklika, dass man auch in der Familie – zum Beispiel – Bitte und Danke sagen kann. Aber Franziskus meint damit sicher nicht, dass das Üben guter Umgangsformen nur für die Kinder gilt. Auch die Erwachsenen vergessen manchmal auf Höflichkeit innerhalb der Familie. Franziskus geht es jedoch nicht um steife Formen, sondern um ein liebevolles und herzliches Zusammenleben. Eines der wichtigsten Worte in seinen Reden und Schriften ist ja nicht zufällig das Wort „Zärtlichkeit“.

Ich will dir von einem besonderen Menschen erzählen. Vor vielen Jahren war in Wien ein jüdischer Rabbiner aus Amerika zu Gast. Du weißt ja, Rabbiner nennt man die Geistlichen im Judentum. Oft sind sie auch die Religionslehrer an den jüdischen Schulen. Dieser Rabbiner, von dem ich erzählen will, hieß Shlomo Carlebach. Er war berühmt für seine Konzerte, die er überall in Europa und in Amerika gegeben hat. Er hat gesungen, gepfiffen, Gitarre gespielt und auch getanzt. Zwischen den Liedern hat er kurze Geschichten über die Liebe zu den Menschen, über die Schönheit der Welt und die Güte Gottes eingestreut.

Rabbi Shlomo war kein Heiliger wie Franz von Assisi, aber in manchen Dingen war er ihm recht ähnlich. So sorgte er für Arme in Gefängnissen, gab wildfremden Bettlerinnen und Bettlern das ganze Geld, das er bei sich trug. Oder er setzte sich mit seiner Gitarre zu den Obdachlosen unter die Brücke. Einer von denen erzählte: „Geld haben mir Leute oft gegeben, aber bei ihm war ich ein Mensch.“

Manchmal spielte und sang Rabbi Shlomo des Nachts mit Freundinnen und Freunden irgendwo in einem Park oder auf einer Straße. Wenn die Nachbarn die Fenster aufrissen und sich über die Ruhestörung beschwerten, rief er ihnen freundlich zu: „Verzeiht, aber der Mond will noch seinen Abendsegen! Vergesst nicht, auch der Mond will geliebt sein!"

Sehr viele Jahre sind vergangen, seit ich Rabbi Shlomo in Wien kennen lernen durfte. Inzwischen ist der warmherzige Rabbiner mit dem grauen Vollbart schon lange gestorben und in Jerusalem begraben. Doch an eine seiner Geschichten kann ich mich bis heute gut erinnern.

Im letzten Konzert, das ich von ihm gehört habe, hielt er plötzlich inne und fragte uns, seine Zuhörerinnen und Zuhörer, ob er uns eine Frage stellen dürfe: „Sagt mir, liebe Freunde, wann fängt der Krieg an?" Da ist es ganz still geworden im großen Konzertsaal. „Ich sag es euch", setzte er fort, „der Krieg fängt an, wenn irgendwo auf der Welt, sei es in einer großen Stadt oder auf einer ganz kleinen Insel, zu einem Kind niemand Guten Morgen gesagt hat."

Man kann die Frage auch umdrehen: Wann fängt der Friede an?

Papst Franziskus ist überzeugt: Der Friede fängt mit dem Lächeln in der Familie an. In Erinnerung an das Ende des Zweiten Weltkriegs fand Franziskus eine ermutigende Antwort. Er sagte: „Das Lächeln einer Familie ist in der Lage, diese Wüste in unseren Städten zu besiegen. Wo es Familien mit Liebe gibt, sind sie fähig, das Herz einer ganzen Stadt aufzuwärmen."

Bei einem Treffen von Familien aus der ganzen Welt* erinnerte Papst Franziskus noch einmal daran, dass es die

* In Philadelphia, USA, am 27. September 2015

kleinen Zeichen der Liebe sind, die uns die Kraft für das Leben geben: „Es ist der Segen vor dem Schlafengehen und die Umarmung bei der Heimkehr von einem langen Arbeitstag. Die Liebe äußert sich in kleinen Dingen, in der geringsten Geste der Aufmerksamkeit gegenüber dem Alltäglichen, die dafür sorgt, dass das Leben immer eine heimische Atmosphäre hat."

In der Familie werden die ersten Gewohnheiten der Liebe und Sorge für das Leben gehegt, wie zum Beispiel der rechte Gebrauch der Dinge, Ordnung und Sauberkeit, die Achtung des örtlichen Ökosystems und der Schutz aller erschaffenen Wesen. [...] In der Familie lernt man, um Erlaubnis zu bitten, ohne andere zu überfahren, „danke" zu sagen [...], Aggressivität oder Unersättlichkeit zu beherrschen und um Verzeihung zu bitten, wenn wir irgendeinen Schaden angerichtet haben. (213)

Gib den Dingen eine zweite Chance!

In dem Jahr, in dem dein Vater geboren wurde, haben wir unser erstes Familienradio bekommen. Ein viereckiges Kästchen aus dunklem Bakelit, dem Kunststoff, der damals bei fast allen Elektrogeräten verwendet wurde. Onkel Erich hat es uns geschenkt. Er war eigentlich kein richtiger Onkel, sondern ein guter Freund meiner Eltern. Neben seinem „normalen" Beruf als Gemeindesekretär war er ein leidenschaftlicher Radiobastler. Das heißt, er hat in seiner Freizeit kaputte Radiogeräte repariert. Wenn im Dorf ein Radio nicht mehr funktionierte, haben es die Leute zu Onkel Erich getragen, denn mit seiner liebevollen Geduld konnte er fast jedes Gerät reparieren.

So lag auch unser Radio ursprünglich auf einem Schrotthaufen, doch Onkel Erich rettete es und gab es uns. Wir stellten es auf die Kredenz unserer kleinen Küche und nannten es Caruso. Das war ein berühmter Opernsänger, dessen Stimme damals oft im Radio zu hören war. Ich verdanke dem unscheinbaren Kästchen die wahrscheinlich schönsten Radiostunden meines Lebens. Manchmal habe ich dabei unser Baby, deinen Vater, im Arm gehalten.

Doch eines Tages blieb Caruso stumm. In der Großstadt, in die wir inzwischen übersiedelt waren, war auch keine Werkstätte zu finden, die das Radio repariert hätte. Wir sollten uns doch endlich ein ordentliches Gerät kaufen, hieß es überall, so etwas repariert man doch nicht mehr! Doch für einen neuen Radioapparat hatten wir damals zu wenig Geld. Also blieb Caruso tonlos und dunkel auf der Küchenkredenz stehen.

Was ich dir jetzt erzähle, Caro, ist kein Märchen. Eines Tages, es war im Dezember, erschütterten kurze Erdstöße einige Sekunden lang die Stadt, in der wir wohnten. Die

Stöße waren so stark, dass die Gläser im Regal heftig klirrten, die Deckenlampe zu schwingen begann und unser Caruso oben auf der Kredenz ins Rutschen kam und zu Boden stürzte. Als alles wieder ruhig war, habe ich den Apparat aufgehoben. Das Gehäuse war unbeschädigt geblieben, also habe ich ihn wieder an seinen Platz gestellt. Da kam plötzlich ein heftiges Rauschen aus dem Lautsprecher. Ich drehte am Senderknopf und – stell dir vor – ich hörte wieder Musik. Caruso, unser Radio, spielte wieder! Vermutlich ist durch die Erschütterung des Sturzes ein Kontakt in seinem Inneren wiederhergestellt worden.

Ich bin immer traurig, wenn ich auf einer Müllhalde Dinge sehe, die uns das Leben erleichtert oder schöner gemacht haben. Ich bin sicher: Auch Dinge können weinen, wenn wir sie lieblos wegwerfen, weil wir gerade Lust auf etwas Neues haben. Du weißt schon, wie ich das meine. Deshalb sollten wir unsere Gebrauchsgegenstände so lange wie möglich behalten. So sparen wir nicht nur Geld, sondern schonen auch die Umwelt.

Gott sei Dank sind immer mehr Menschen wieder davon überzeugt, dass Reparieren besser ist als Wegwerfen. In den Niederlanden ist dazu die Idee des „Repair Cafés" aufgekommen. Hier können sich Menschen treffen und gemeinsam versuchen, die kleinen Dinge des Alltags selbst zu reparieren. Solche Treffpunkte werden dann schnell auch zu schönen Begegnungsorten zwischen Jung und Alt. Mittlerweile gibt es auch schon in vielen anderen Ländern, selbst in Österreich solche Cafés.

Die Erde, unser Haus, scheint sich immer mehr in eine unermessliche Mülldeponie zu verwandeln. (21)

Diese Probleme sind eng mit der Wegwerfkultur verbunden, die sowohl die ausgeschlossenen Menschen betrifft als auch die Dinge, die sich rasch in Abfall verwandeln. (22)

Etwas aus tiefen Beweggründen wiederzuverwerten, anstatt es schnell wegzuwerfen, kann eine Handlung der Liebe sein, die unsere eigene Würde zum Ausdruck bringt. (211)

Das Sonntagsgewürz

Als ich ein Kind war, hat der Sonntag schon am Samstagabend begonnen. Wir Buben mussten alle Schuhe putzen, dann im hölzernen Wäscheschaff baden. Der Boden der Stube wurde aufgewaschen, alles duftete nach Seife. Mutter hängte den dunkelblauen Anzug über den Sessel, den ich nur am Sonntag anziehen durfte, wenn wir zur Messe gingen.

Nur am Sonntag hat es mittags einen duftenden Braten gegeben. Und wirklich Ruhe. Es war der einzige Tag, an dem ich meinen Vater lesen sah. Während der Woche hatte er nie Zeit dafür. Wenn ich am Sonntag seine Werkstatt betrat, erschien sie mir erfüllt von einer feierlichen Ruhe, die sogar von den Maschinen und Arbeitsgeräten ausging. Es war, als schöpften auch sie Kraft für eine neue Woche.

Der Sonntag gehört zu den Anstrengungen der Woche wie die Rast auf dem Gipfel zu einer Bergwanderung. Wenn wir lernen, den Sonntag wieder als „Frucht der Erde und der menschlichen Arbeit" zu genießen, werden wir vielleicht auch wieder etwas besser auf unser gemeinsames Haus, die Erde, aufpassen.

Was für Christinnen und Christen der Sonntag ist, ist für Jüdinnen und Juden der Samstag, der Sabbat. Es gibt eine sehr schöne jüdische Geschichte über den Sabbat. Sie erzählt, dass der Kaiser den Rabbi Jehoshua eines Tages fragte: „Warum kommt aus den Häusern in den jüdischen Gassen an einem Sabbat ein so wunderbarer Geruch?" Der Rabbi antwortete ihm: „Wir haben ein besonderes Gewürz, Sabbat mit Namen, das legen wir hinein; dann haben die Speisen einen solchen Wohlgeruch." Der Kaiser sagte zu ihm: „Gib uns etwas davon!" Darauf Rabbi Jehoshua: „Dieses Gewürz wirkt nur bei Menschen, die den Sabbat beachten;

Sonntags
Gewürz

aber bei dem, der den Sabbat nicht beachtet, wirkt es nicht!“

Christinnen und Christen könnten von ihren religiösen Verwandten also lernen, dass der Siebente Tag wirklich ein geheiligter Tag ist, ein Tag der Familie, an dem man die Ruhe pflegt und die alltäglichen Arbeiten unterlässt. Jüdinnen und Juden, die sich besonders genau nach den Vorschriften ihrer Religion richten, kochen sogar schon am Freitag vor, damit auch „das Feuer den Sabbat feiern“ kann.

Bei Christinnen und Christen ist zwischen einem Werktag und dem Sonntag mittlerweile oft kein Unterschied mehr zu spüren – außer dass die meisten nicht in die Arbeit gehen und schulfrei ist. Wahrscheinlich ist ihnen das entsprechende Gewürz, Sonntag mit Namen, ausgegangen. Die Frage ist nur, ob überhaupt noch jemand weiß, wie diese Gewürzmischung zusammengesetzt war.

Liebe Caro, in solchen Fällen ziehe ich immer das alte, handgeschriebene Rezeptbuch meiner Großmutter zu Rate. Ich schließe die Augen und suche, was da unter Sonntag steht. Schau, da haben wir es schon:

Herstellung des bekannten Sonntagsgewürzes

Man nehme:

- eine Handvoll Freiheit (bitte nicht mit Freizeit verwechseln),
- eine Teetasse Gemeinsamkeit,
- einen großen Esslöffel Festlichkeit
- und so viel Lobpreis, wie man mit drei Fingern fassen kann.

Du musst wissen, Caro, gute Köchinnen und Köche würzen beim Vollenden einer Speise immer mit drei Fingern: dem

Daumen, dem Zeigefinger und dem Mittelfinger. Diese drei Finger sind nicht zufällig gewählt – sie sind ein Symbol für die Heilige Dreifaltigkeit: für den Vater, den Sohn Jesus Christus und den Heiligen Geist. Orthodoxe Christinnen und Christen in Griechenland oder in Russland beispielsweise machen das Kreuzzeichen mit diesen drei Fingern, so als hielten sie darin ein kostbares Gewürz. Mit den drei ausgestreckten Fingern an der erhobenen rechten Hand wird übrigens auch sehr oft der segnende Christus dargestellt. In diesem Geheimnis der Dreifaltigkeit sieht Papst Franziskus außerdem ein Abbild für die Gemeinschaft Gottes mit den Menschen und mit allen Geschöpfen.

Liebe Caro, was das gemeinsame Essen betrifft, hat Papst Franziskus etwas geschrieben, das ich noch erwähnen möchte. Er erinnert daran, dass es einmal selbstverständlich war, „vor und nach den Mahlzeiten innezuhalten, um Gott Dank zu sagen". Und er schlägt den Gläubigen vor, „diese wertvolle Gewohnheit wieder aufzunehmen und sie mit Innigkeit zu leben". Wir danken damit Gott und der Erde für unser Essen und denken auch an die, welche am meisten bedürftig sind. Vielleicht wirklich eine gute Idee für das Sonntagsessen …

Der Sonntag wird wie der jüdische Sabbat als ein Tag der Heilung der Beziehungen des Menschen zu Gott, zu sich selbst, zu den anderen und zur Welt gewährt. […] So strahlt der Tag der Ruhe, dessen Mittelpunkt die Eucharistie ist, sein Licht über die ganze Woche aus und motiviert uns, uns die Sorge für die Natur und die Armen zu eigen zu machen. (237)

Franz, Franziskus und der Sheik von Ägypten

„Es liegt ein feines Geheimnis in jeder Bewegung und in jedem Laut dieser Welt. Die Eingeweihten gelangen dahin zu erfassen, was der wehende Wind, die sich biegenden Bäume, das rauschende Wasser, die summenden Fliegen, die knarrenden Türen, der Gesang der Vögel, der Klang der Saiten oder der Flöten, der Seufzer der Kranken, das Stöhnen der Betrübten uns sagen."

Diese Sätze mag ich sehr, liebe Caro. Sie stammen nicht von Papst Franziskus, stehen aber (als Anmerkung) in seiner Enzyklika. Ein islamischer Geistlicher hat sie vor ungefähr 500 Jahren geschrieben. Franziskus findet sie offenbar auch sehr schön und zu vielen seiner eigenen Gedanken passend. Es ist wahrscheinlich das erste Mal in der Geschichte, dass ein Papst in einem Schreiben an die ganze Welt einen Muslim zu Wort kommen lässt. Er heißt Ali Al-Khawwas, lebte in Ägypten und war zu seiner Zeit mit dem Ehrentitel „Sheik" ausgezeichnet und wie ein Heiliger verehrt worden. Sogar Papst Franziskus nennt ihn einen „geistlichen Lehrer".

Wie Franz von Assisi erinnerte auch Sheik Ali die Menschen daran, dass sie in der Natur die Spuren Gottes erkennen können. Es gibt aber noch weitere Ähnlichkeiten zwischen dem heiligen Franz und dem weisen Sheik Ali: Beide lebten in freiwilliger Armut. Im Reichtum und in der übertriebenen Wichtigkeit des Geldes sahen sie eine Gefahr für die Beziehung zwischen den Menschen und Gott. Um leben zu können, arbeitete Ali Al-Khawwas als Korbflechter. Ohne Bezahlung und zur Ehre Gottes reinigte er Moscheen. Ähnliches berichtet man auch von Franz, der es überhaupt nicht ertragen konnte, wenn eine Kirche, die er auf seinen

Wanderungen betrat, schmutzig oder verwahrlost war. Obwohl er selbst keine Schriften verfasste, war Sheik Ali ein begehrter Lehrer. Man sagte: „Eine Stunde bei ihm zu lernen ist mehr wert als zehn Jahre Studium in Büchern." Wie der heilige Franz hatte auch Sheik Ali großes Mitgefühl nicht nur mit den Menschen, sondern ebenso mit den Pflanzen, den Tieren und der gesamten Mutter Erde.

Liebe Caro, ich will unbedingt noch etwas aus dem Leben des heiligen Franz erzählen: Während der berüchtigten Kreuzzüge zog er mit den Kreuzrittern nach Ägypten. Ausgerechnet Franz, der doch den Frieden über alles liebte! Er wollte allerdings die Muslime nicht bekämpfen, sondern sie von der Schönheit der Botschaft des Evangeliums überzeugen. Und er begann gleich mit dem wichtigsten Führer der Muslime, mit dem Sultan Melek al-Kamil. Es erstaunt mich der Mut des heiligen Franz, der inmitten der Kreuzzugskämpfe einfach vor den Sultan hintrat und ihm eine christliche Predigt hielt. Ebenso erstaunt mich aber auch der Sultan. Der hörte ihm interessiert zu, erklärte aber schließlich freundlich, dass eine Bekehrung zum Christentum für ihn und für die anderen Muslime nicht in Frage käme. Das Erstaunlichste aber war, dass Sultan Melek al-Kamil dem heiligen Franz „viele Geschenke und Schätze anbot" und sagte: „Nehmt sie nur und verteilt sie an die Kirchen und an die bedürftigen Christen". Aber Franz nahm das nicht an und sagte dem Sultan, dass Gott schon für die Armen sorgen werde.

Dazu fällt mir noch ein Satz von Papst Franziskus ein, den er in seinem Brief „Die Freude des Evangeliums" geschrieben hat: „Wir Christen müssten die islamischen Einwanderer, die in unsere Länder kommen, mit Zuneigung

und Achtung aufnehmen, so wie wir hoffen und bitten, in den Ländern islamischer Tradition aufgenommen und geachtet zu werden.“

Die Natur ist voll von Worten der Liebe. Doch wie können wir sie hören mitten im ständigen Lärm, in der fortdauernden und begierigen Zerstreuung oder im Kult der äußeren Erscheinung? (225)

Man kann wenig benötigen und erfüllt leben, vor allem, wenn man fähig ist, das Gefallen an anderen Dingen zu entwickeln und in den geschwisterlichen Begegnungen, im Dienen, in der Entfaltung der eigenen Charismen, in Musik und Kunst, im Kontakt mit der Natur und im Gebet Erfüllung zu finden. Das Glück erfordert, dass wir verstehen, einige Bedürfnisse, die uns betäuben, einzuschränken, und so ansprechbar bleiben für die vielen Möglichkeiten, die das Leben bietet. (223)

Wasser, Brot, Öl und Wein

Liebe Caro, was Papst Franziskus über die Sakramente in einem der letzten Kapitel seiner Enzyklika geschrieben hat, ist – so meine ich – doch etwas kompliziert ausgedrückt. Weil sie mir aber wichtig sind, schreibe ich dir jetzt einfach, wie ich diese Zeilen verstehe.

In den Sakramenten will Gott ganz mit unserem Leben verbunden sein. Das sollen wir nicht nur mit dem Kopf oder mit dem Herzen denken, das sollen wir auch mit unseren Sinnen spüren. Mit dem Geschmack, mit dem Wohlbefinden auf der Haut, mit der Freude der Augen. Wir sollen, schreibt Franziskus, „auf einer anderen Ebene die Welt umarmen". Das heißt, wir sollen erkennen, wie viel Liebe Gottes in den Dingen steckt, die beim Empfang der Sakramente eine sichtbare Rolle spielen: das Wasser bei der Taufe, Brot und Wein bei der Eucharistie, das Öl bei der Firmung, der Priesterweihe und bei der Krankensalbung. Wasser, Korn (aus dem Brot wird), Wein und Öl, mit denen man früher auch Wunden behandelt hat, sind wunderbare Geschenke der Erde, unserer Mutter.

Ich erinnere mich an eine schöne Reise im Norden Portugals. Dort habe ich in den Bergen am Rande eines Dorfes, eine alte Kirche entdeckt. Reste verwitterter Grabsteine erinnerten daran, dass hier einmal ein Friedhof war. Jetzt standen rund um die Kirche, zwischen dunklen Olivenbäumen, goldleuchtende Getreidegarben. An der Wand der Kirche wuchsen Weinstöcke hoch, an denen bereits süße Trauben hingen. Über einem steinernen Trog fand ich einen Wasserhahn. Vom Wasser erfrischt setzte ich mich auf die niedrige Steinmauer und spürte ein großes Glück in der Seele. Ich wusste: Wasser, Wein, Brot und Öl – in ihnen schenkt uns die Erde das Geheimnis der Sakramente.

Die Sakramente sind eine bevorzugte Weise, in der die Natur von Gott angenommen wird und sich in Vermittlung des übernatürlichen Lebens verwandelt. Über das kultische Geschehen sind wir eingeladen, die Welt auf einer anderen Ebene zu umarmen. Das Wasser, das Öl, das Feuer und die Farben werden mit ihrer ganzen Symbolkraft aufgenommen und in den Lobpreis eingegliedert. (235)

An den Schluss seiner Enzyklika „Laudato si" hat Papst Franziskus zwei Gebete gestellt, mit denen er noch einmal die Gedanken seines Rundschreibens zusammenfasst. Ich möchte einige Bitten aus diesem Gebet an den Schluss meines „Briefes" an dich, liebe Caro, stellen.

Gott der Liebe,
zeige uns unseren Platz in dieser Welt
als Werkzeuge deiner Liebe
zu allen Wesen dieser Erde,
denn keines von ihnen wird von dir vergessen.
Erleuchte, die Macht und Reichtum besitzen,
damit sie sich hüten vor der Sünde der Gleichgültigkeit,
das Gemeinwohl lieben, die Schwachen fördern
und für diese Welt sorgen, die wir bewohnen.
Die Armen und die Erde flehen,
Herr, ergreife uns mit deiner Macht
und deinem Licht,
um alles Leben zu schützen,
um eine bessere Zukunft vorzubereiten,
damit dein Reich komme,
das Reich der Gerechtigkeit, des Friedens,
der Liebe und der Schönheit.
Laudato si – Gelobt seist du.
Amen.

Inhaltsverzeichnis

Hubert Gaisbauer

1939 geboren, studierte Germanistik und Theaterwissenschaft und arbeitete dann beim Österreichischen Rundfunk. 1967 war er Mitbegründer des Kultursenders Ö1, dann in verantwortlichen Positionen tätig, zuletzt als Leiter der Hauptabteilung Religion. Lebt und arbeitet als Publizist in Krems an der Donau.

Leonora Leitl

1974 geboren, nach der Meisterklasse für Grafik- und Kommunikationsdesign in Linz wandte sie sich dem Schreiben und Illustrieren von Kinder- und Jugendliteratur zu. Für ihr Schaffen und ihre Werke wurde sie bereits mehrfach ausgezeichnet (u. a. Outstanding Artist Award, Österreichischer Kinder- und Jugendbuchpreis).
Sie lebt mit ihrem Mann und ihren beiden Kindern in Gramastetten im Mühlviertel (OÖ).

Für die Bilder in diesem Buch hat sie weißes Papier teilweise mit flüssigem Paraffin bemalt und in diese Schicht die Zeichnungen mit einer Radiernadel hineingeritzt. Anschließend wurde jedes Bild mit Linoldruckfarbe bemalt, wobei die mit Paraffin bedeckten Stellen weiß blieben. Am Schluss wurde die Farbe teilweise wieder mit Öltüchern entfernt.